これから伸びる人の必修科目

「ビジネスモデル」のきほん

- 描き方・使い方
- ケーススタディ
- 儲けのしくみ
- 新規事業

川上昌直 ＋ 兵庫県立大学経営学部 川上ゼミ

SHOEISHA

本書内容に関するお問い合わせについて

このたびは翔泳社の書籍をお買い上げいただき、誠にありがとうございます。弊社では、読者の皆様からのお問い合わせに適切に対応させていただくため、以下のガイドラインへのご協力をお願い致しております。下記項目をお読みいただき、手順に従ってお問い合わせください。

●ご質問される前に
弊社Webサイトの「正誤表」をご参照ください。
これまでに判明した正誤や追加情報を掲載しています。
正誤表　http://www.shoeisha.co.jp/book/errata/

●ご質問方法
弊社Webサイトの「刊行物Q&A」をご利用ください。
刊行物Q&A　http://www.shoeisha.co.jp/book/qa/
インターネットをご利用でない場合は、FAXまたは郵便にて、下記"翔泳社 愛読者サービスセンター"までお問い合わせください。電話でのご質問は、お受けしておりません。

●回答について
回答は、ご質問いただいた手段によってご返事申し上げます。ご質問の内容によっては、回答に数日ないしはそれ以上の期間を要する場合があります。

●ご質問に際してのご注意
本書の対象を越えるもの、記述個所を特定されないもの、また読者固有の環境に起因するご質問等にはお答えできませんので、予めご了承ください。

●郵便物送付先およびFAX番号
送付先住所　〒160-0006　東京都新宿区舟町5
FAX番号　03-5362-3818
宛先　(株)翔泳社 愛読者サービスセンター

はじめに

　わかったようでわからない「ビジネスモデル」という言葉。わかっていない状態で使われているため、他人の会話を聞くとさらにわからなくなる。本を開いてみると学者の間でも使い方はまちまち。もう、どれを信用していいかわからなくなって、理解するのをあきらめる。

　そこで、今回の本は、学術本でもなく、またビジネス書でもない形で、ビジネスモデルがなにを意味しているのかまずは知ってもらおう、ということでつくりあげました。

　最もエキサイティングだったのが、ゼミ生とコラボレーションをしたということです。ゼミ生たちが、ビジネスモデルの本を読みながら、自分で事例を見つけて分析し、なぜヒットしているのか、あるいはしていないのかをプレゼンテーションをする、ということを繰り返しました。

　本書で取り上げた事例は、まだケースとして分析されていないものばかり。フレッシュであるがゆえ、既存の文献も少なく、会社の社長室に電話したり、押しかけたりしながら、ビジネスモデルを解明したものもあります。

　大学生でもここまでできるということをみなさんに見てもらい、勇気を持っていただくことも、本書の狙いのひとつです。

　ビジネスモデルが、誰にでも関係のある、「ビジネスを成功に導くための考え方」であることがおわかりいただけたなら、私とゼミ生たちにとって、こんなに嬉しいことはありません。

　　　　　　　兵庫県立大学経営学部教授　川上昌直・川上ゼミ一同

1章 | ビジネスモデルはなぜ重要なのか？

1	ビジネスモデルはいつ、何に使えるのか？	10
2	ビジネスモデルは「見えやすく」する	14
3	パーツとなる知識の「つながり」が大事	18
4	「儲かる」と「儲ける」	20
5	「儲ける」の意味	22
6	あなたの会社は「儲ける仕組み」か？	24
7	ビジネスモデルを学ぶべき理由	26

2章 | ビジネスモデルの構成要素と表現手法

8	ビジネスモデルの構成要素	30
9	ビジネスモデルと事業計画の違い	32
10	4つの箱	36
11	ビジネスモデル・キャンバス	38
12	9セル	40
コラム	ビジネスモデルを研究する理由	44

contents

3章 | 顧客価値提案

13	顧客価値提案の3大要素	46
14	「片づけるべき用事」の重要性	48
15	顧客価値提案のヒント「ふとればかち」	50
16	顧客の「不」を見つける方法	52
17	顧客の状況をくみ取るツール	54
Case	「俺の○○」はなぜ繁盛店になれたのか？	56
Case	工業用品から生まれたおしゃれアイテム	60
Case	10秒でとれる朝ごはん	62
コラム	成功事例を追ってはいけない	66

4章 | 利益設計

18	利益設計の3大要素	68
19	利益はどうやったら増えるのか？	70
20	儲けないから儲かる	72
Case	クックパッドの利益設計	74
Case	ワキ毛脱毛200円はなぜ可能か？	76
Case	ブランド品のレンタル「ORB」のしくみ	80
Case	イオンスマホの3つの利益	84

5章 | プロセス構築

21	プロセス構築の３大要素	90
22	強みを認識する	92
23	パートナーの重要性と選び方	94
Case	SEVEN CAFÉのプロセス構築	96
Case	英単語ターゲット1900シリーズ	100

6章 | ゼミ生によるケーススタディ

24	センスをつけてみる	108
Case	タニタ食堂の９セル	110
Case	メガネのユニクロ「JINS」の９セル	114
Case	FELISSIMOの９セル	118
Case	スカルプD まつ毛美容液の９セル	122
コラム	教科書通りやってみる	128

| contents

7章 ビジネスモデルを作り、動かす

25	ビジネスモデルを作ってみる	130
26	事業変革は課金ポイントから	134
27	すべてを自分でやらなくてもいい	140
28	ビジネスモデルは一度では完成しない	142
	ブックガイド	144

1章
ビジネスモデルはなぜ重要なのか？

01 ビジネスモデルはいつ、何に使えるのか？

ビジネスモデル＝アイデアを整理する道具

ビジネスモデル＝コミュニケーションツール

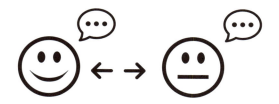

- アイデアを整理するとき
- コミュニケーションツールとして
- 既存ビジネスを変革するとき

　ビジネスモデルが使われる局面は、大きくわけてふたつ考えられます。ひとつはふとした瞬間にビジネスのアイデアを整理するとき。もうひとつはコミュニケーションツールとしてです。

① とっさのアイデアを整理する

　起業家のみならず、現場で仕事をしている人なら、世の中に存在するなんらかの問題を発見するはずです。そして、自社の製品やサービスをイメージしながら、見つけた問題への解決策を思い浮かべることもあるでしょう。

　ただ、そういうアイデアは瞬間的に浮かぶもので、放っておくと消えていってしまいます。その結果、思いつきはするのに、なかなか具体的なビジネスにはなりません。

　このようなときに、ビジネスモデルは威力を発揮します。つまり、ちょっとしたアイデアや衝動を、ビジネスとしてまとめあげてくれるのです。とんがった価値提案をひらめく起業家は、それをナプキンやコースターに書いたりしながら、常にネタを集めています。往々にして、誰かが何かで悩んでいることをたまたま目撃したり、うわさを聞いたりしたときのひらめきが、大きなビジネスにつながったりするものです。

　ビジネスパーソンが持っている技術やサービスなどが、誰かがなんとかしたいこととリンクした瞬間に、思考の回路がつながり、新しいビジネスが芽生えます。

そう、ビジネスモデルはビジネスのネタを整理するために使われるのです。卓越したビジネスパーソンが自然にやっていることを、方法論として身につけてしまいましょう。いわば、英文法のようなものです。ネイティブ・スピーカーは文法なんて気にもしません。しかし、短い期間で英語を効率的に学習しようと思うなら、文法は知っておくべきです。

ビジネスモデルはそのようなものだと、実業界の現場を見せてもらいながら日々感じています。（それはまた、学術研究では説明されない部分でもあります。）

②コミュニケーションツールとして

あなたが、新しいビジネスのネタを思いついたとします。しかし、いくらそれが素晴らしいものだとしても、そのとき、それを伝えなければ、実行には移せないわけです。

最初の難関は、そこに命を吹き込むために資本を集めることです。例えば、投資家や金融機関への説明が必要です。

そのビジネスがどのような状況のお客さまに、どんなソリューションを提供するのか。なぜそれをあなたが行うのか。どうやって利益を生み出すのか。これらを説明しなければなりません。

コミュニケーションのもうひとつの大きな役割は、従業員への説明です。従業員に理解してもらえて、はじめて、ビジネスは効率的かつ効果的に実行されます。どのような顧客を相手にするのか、わが社の商品の推しポイントはどこなのか、利益の源泉は何か。これらが正しく理解されることが必要です。

どちらの場合も、共通言語として、ビジネスモデルが効果を発揮します。

③既存ビジネスの変革のために

　実は、①②に加えて、ビジネスモデルがもっとも効力を発揮する場面があります。
　それは、既存ビジネスを変革する時です。
　そもそもビジネスモデルという概念自体が比較的新しいものなので、今あなたが関わっている事業は「ビジネスモデル」を意識して設計されていないのが当たり前です。
　つまり、既存の事業に新たなモノサシとしてビジネスモデル的な思考を投入すれば、現在のビジネスを変革する、大きなチャンスが生まれるのです。また、新規ビジネスではなくある程度やってみての結果もわかっているので、現状の整理ツールとしても、ビジネスモデルが使えます。
　いわば、いろんなもので散らかった部屋を、整理名人がやってきて、棚を作り、キレイに収納していくわけです。いらないものは断舎利、つまり捨てていけます。
　こんがらがったビジネスをきれいに紐解き、そして、顧客価値から利益までの流れをよくしてあげる。それが既存ビジネスにおけるビジネスモデルの活用法です。
　ビジネスモデルそのものは、学術研究の対象としては新しいものです。そこでは主に、成功したビジネスの解剖や分析が行われてきましたが、多くの方にとっては「自分にはまだまだ無関係」という印象かもしれません。そこで、本書ではビジネスモデルをどのような状況で使うべきなのか、ということに焦点を当て、わかりやすく、より実践的に解説していきます。

ビジネスモデルはなぜ重要なのか？

ビジネスモデルは「見えやすく」する

02

考えるべき要素はたくさんある

ビジネスモデル＝思考の整理棚

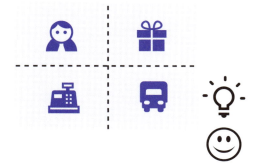

ビジネスにおける思考回路を
わかりやすく可視化したもの。
それが、ビジネスモデルです

　世の中に何かを届けることで、誰か（お客さん）を喜ばせながら、じわじわと世の中をよくしていきたい。これは、人間ならば誰もが持ちうる自然な感情です。これを若き起業家や、ビジネスパーソンはよく「爪あとを残す」などと表現しますが、そうでなくても「生きた証し」であったりするわけです。
　では、どうやったらそれは実践できるのでしょうか。

「ビジネス」は意思決定のカタマリ

　たとえば、そこらへんでは売っていないような貴重なものを仕入れたり、世の中にまだなかったものを作りだしたりします。そして、場所を借りて、場合によっては他の人の手を借りて販売します。売った後、最終的に残ったお金で、また次の新しいことをはじめるのです。
　これらがもっともシンプルなビジネスの仕組みです。ここではかなり簡素化しましたが、それでも、決めておかねばならないことがいくつか出てきました。

・どんなお客さまを想定しているのか？
・どうやって喜ばせるのか？
・どんな店舗にするのか？
・誰を雇うのか？
・どれくらい費用をかけるのか？

ざっと洗い出すとこのようになりますが、果たしてこれだけで十分なのでしょうか？　あるいはこれだと多すぎでしょうか？　考えるべきことはこれであっているのでしょうか？
　つまり、質問に対する質問が生まれてきてしまいます。
　ほとんどの方は、こうした「？」だらけの状態に陥ると、ビジネスについて考えるのが面倒くさくなってしまいます。さらに、それを解決しようと本屋さんに行ってビジネス書を調べてみようものなら、さらに混乱します。実に多くのビジネス書が、多くの問題に焦点を当てているのです。そうなると、そもそも何を解決しようとしているのかすら、わからなくなります。
　逆に、有能な経営者の方はというと、このあたりの決めごとを実にシンプルに設定しています。つまり「芯を食っている」のです。なので、ムダな時間を使うことなく、成果を生んでいきます。

利益のために必要なことをシンプルに表現

　このような思考回路を、誰にでもわかる形で可視化したものが「ビジネスモデル」にほかなりません。知っておいて絶対に損はありません。というのも、「相手に喜びを与える（顧客を満足させる）」だけでなく「自分も潤う（利益を生む）」方法論なのですから。
　人間関係においても、「ババクジばかりひく」と思っている方、「与えてばかりで自分は損ばかり」と思う方、そんな方でも、最終的に「自分にとってよいこと」が起こるループを作りだすことができれば嬉しい、と思うはずです。
　こんなふうに書くと、少し私欲が先に立ってしまうような印象を受けるかもしれませんが、最終的には「自分にとってもよい状況」を作らなければ、どんな事業でも、続けることはできないのです。

そのことを端的に表したマーケティングの大家、故・セオドア・レビットの有名な言葉があります。

「ビジネスを突き詰めれば、たった二つの要素、つまり『金』と『顧客』をめぐるものです。立ち上げるために金が必要で、続けるために顧客が必要で、既存顧客を維持し、新規顧客を獲得するためにまた金が必要となる。したがって、どのようなタイプのビジネスであろうと、『財務』と『マーケティング』が企業の二大活動なのです。……ビジネス……の存続と成功は、二つの能力、すなわち何らかの方法によって『経済価値を提供する能力』、そして支払い能力を有する顧客を必要数『獲得・維持する能力』に依存しています。」

（「Harvard Business Review」2001年11月号、38ページ）

　一見難しく見えるかもしれませんが、これは、わたしがここまで述べたことと同じです。つまり、あなたが潤わなければ、相手を喜ばせることを続けられなくなるのです。そして、その際にいったいどれだけの意思決定をしなければならないのか、そして決定事項同士をどうやって調整していくのか、最終的にそれらがどんな仕組みになっていくのか、そうした疑問に答えるのが、「ビジネスモデル」なのです。

パーツとなる知識の「つながり」が大事

細かい知識ではなく、全体観が大事

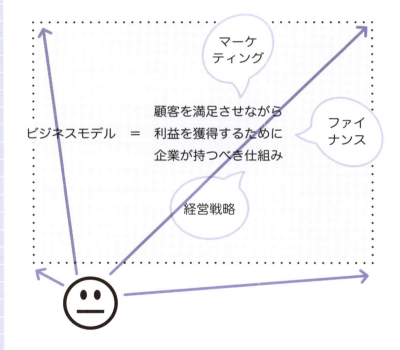

顧客から利益までの事業全体の流れと、「つながり」がポイントです

　これまでに説明したような、「顧客を満足させながら、利益を獲得するために、企業が持つべき仕組み」。これを考え、実現することが、私たちみんなの課題です。

　しかし、たとえば、この課題のヒントを求め、本屋さんに行ったらどうなるでしょうか？

　「顧客を満足させる」ためにマーケティングを、「儲け」のためにファイナンスや会計学、そして「仕組み」を作るには経営戦略を学ぶ必要があります。各分野の代表的な1冊を選んでも、最低3冊は読まなければなりません。それに、問題は冊数だけではありません。読んだ本の内容を、知識の羅列ではなく、きちんと「つながり」のあるものとして整理しなければ、実務では使えません。

　じつは、このときに役立つのが「ビジネスモデル」です。「顧客」からはじまって「利益」で締めくくるための一連の流れを、ミニマムなパーツで表現できるからです。しかも、パーツ間の「つながり」も見えてくる。

　実業にこそ必要な考え方なら、「ビジネスモデルに学者は関係ないのでは？」という意見も登場しそうですが、そんなことはありません。複雑な要素を適度に抽象化し、いいモデルを作るためには、経営の世界で語られているテーマを俯瞰し、必要十分な問いの塊を見定めなければなりません。そのときが、わたしたちのような経営学者の出番となります。

ビジネスモデルはなぜ重要なのか？

「儲かる」と「儲ける」

04

自分の工夫で「儲ける」会社に

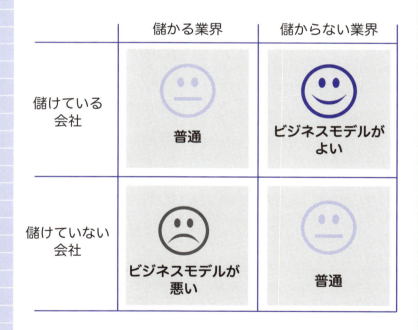

儲かる商売を探すのではなく、
「この事業でどうやって儲けるか？」
これを考えよう

　「今はどんなビジネスが儲かりますか」という質問をされることがあります。が、こうした質問にはいつも「そんなものはありません」と答えざるをえません。なぜなら、ビジネスに携わる人は「儲かるかどうか」ではなく、「どうやって儲けるか」の視点を重視すべきだからです。

　「儲かる」という言葉には、かなりオートマチックで、なおかつ受け身的なニュアンスが含まれています。そこにポジションを取りさえすれば、あとは勝手にお金が入ってくるというイメージです。

　これに対して「儲ける」には、環境や状況に関わらず、経営者の意思として利益を獲得していくという精神（スピリット）が感じられます。

　もちろん、市場性を評価する際には、「儲かる業界か、儲からない業界か」を判断することもあります。まだやっている人が少ないが、確実にニーズがあるという場合には、「その市場は儲かる」といえる場合もあります。一時のIT業界もそれです。いわゆる「IT系」がリッチマンの象徴となり、「儲かるビジネス」として認識されました。しかし、現在はどうでしょうか。本当に儲け続けている企業はごくわずかです。

　儲かる領域にはみんなが攻めてきますので、すぐに、血で血を洗う戦いにもつれ込みます。「ウチは儲かる業界にいる」と思って安穏としていると、すぐに儲からなくなりますよ。

「儲ける」の意味

顧客の利益と会社の利益は矛盾しない

顧客重視

利益重視

- 利益は、お客さまを満足させ続けることの結果として生じる
- つまり、利益重視＝顧客重視

　「儲ける」という言葉を用いると「それは企業中心のものの考え方ではないのか」という意見が投げかけられることがありますが、しかし、これは大きな誤解です。なぜなら、「儲け」は単なる結果に過ぎないからです。

　企業の目的はあくまでも「世の中に価値を生み続けること」であり、簡単にいうなら「お客さまを満足させ続けること」です。そして、お客さまを満足させることを自力で続けていくためには、経営者は利益を生まねばなりません。

　十分な利益がなければ、お客さまをさらに満足させるための改善活動もできません。そもそも、取引先や従業員への支払いも、業績の裏付けがあってこそ可能になるものです。安心して事業が継続できない、利益の薄い会社には、顧客満足を生み出し続けることはできないのです。

　では、利益はどうやって生み出されるのでしょうか。実はこれも、お客さまのことを真剣に考えることから導かれます。なぜなら企業にお金を運んでくるのはお客さまだからです。

　つまり、「利益中心主義」は、「顧客中心主義」とほぼ同義なのです。自分や自社が大事なら、顧客のことを真剣に考える必要があります。そして、顧客にいかに価値を提案し、提供するのか、という目線と、いかにして利益を収穫するのかという目線を両輪として持つことが、ビジネスの神髄なのです。

06 あなたの会社は「儲ける仕組み」か？

儲ける仕組みの構成要素

儲ける仕組み＝ビジネスモデル

右脳（顧客満足）と左脳（利益）。
これに、実現のための手順が加わり、
「儲ける仕組み」が生まれる

　すべての会社にはなんらかの形で顧客が存在し、彼らにものやサービスを提供しています。そして、その結果として利益が生まれます。しかし、多くの会社の実情は、「意図したとおりに儲けが出る」というよりは「運良く儲かった」というものです。

　われわれが目指すべきは、会社を「儲ける仕組み」へと意図的に変革していくことです。つまり、「顧客を満足させつつ、利益を生む仕組み」をいかに作りだすのか。そのために現在のわが社には何が足りていなくて、どこが間違っているのか。それを問うことからはじめなければなりません。

　「儲ける仕組み」は、ビジネスで使う「右脳（顧客満足）」と「左脳（利益）」を同時に、ハイブリッドに思考することではじめて生まれてきます。情熱（右脳）と冷静（左脳）をいったりきたりしながら思考をめぐらせ、成果を生んでいきます。

　さらに、これらの両者が明確になってきても、それで終わりではありません。アイデアの実現にはどのような手順が必要なのか、どれくらいのことを自分ができるのか、どことパートナーシップを組むか、といったプロセスやフローに関する現実的な課題を解く必要があります。

　このように、ビジネスをつくりあげる際には、「情熱」と「冷静」に加えて「現実」に関する問題を考えなければなりません。これらが同居していないビジネスは、「儲ける仕組み」になっていない、ともいえるでしょう。

ビジネスモデルを学ぶべき理由

全ビジネスパーソンの羅針盤

・何を考えるべきか？
・何が重要か？
・どんな順序で行うか？

ビジネスモデル思考で
スッキリ整理できる！

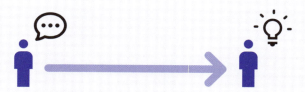

何が問題か？ 何をしたらいいのか？ 手がかりのない状況に置かれたとき、ビジネスモデル思考が助けになります

ビジネスパーソンとビジネスモデル

あなたは、新規事業のプロジェクトに参画することになりました。つまり、ゼロからビジネスをつくりあげる仕事です。張り切って、昔読んだマーケティングの本を参考にプランを練りますが、なかなかうまく進まず、いらだちを覚えます。

しかも上司からは、「顧客目線は結構だが、ビジネスとして視野が狭すぎる。経営マインドを持てといったはずだ」と一喝され、途方に暮れます……。

わたしはよく、こんな光景を見てきました。本人はお困りでしょうが、このケースはまだ救いがあります。結果がどうあれ、責任をとる上司や、助言役がいるからです。

過酷なのは、いまの勤め先を辞めて自分のビジネスを立ち上げる場合です。このような場合には、そのビジネスプランが筋の通ったものであるのかどうか、誰もチェックしてくれません。周りに経験のある経営者のメンターでもいない限り、役に立つ助言など望むべくもないでしょう。

ビジネスの目的は、「顧客満足」です。しかし他方でそれが「儲けて」いなければなりません。つまり、オフェンス（顧客満足）とディフェンス（利益創出）の両方が揃って、はじめて成功するのです。となると考えるべきことは多く、何から手をつけてよいのやら、悩むばかりです。そんな悩みにひとつの答えをだ

すのが「ビジネスモデル」なのです。

経営者とビジネスモデル

　あなたは設立３年のビジネスのオーナーです。当時は業界環境もよく、勢いで起業することができました。需要に対して供給が追い付いていない状態だったので、営業に困ることもなく、お客さんは増えていきました。業界と同じスピードで成長することで、同時に企業の規模は大きくなり、現在は数名のスタッフを抱えています。

　しかし、うまみのある業界ゆえに、最近では同業者が増え、サービスが同質化してきました。低価格を謳うライバルが続々と登場し、業界はまさに大荒れ模様です。

　変革を迫られていることは明らかですが、どのようにビジネスを変えるべきか、判断基準や指針は見えません。何がよくないのか、何からはじめたらよいのか。顧客か、従業員か、企業のシステムなのか、はたまたコスト改善なのか。あるいは企業のあり方そのものが陳腐化してしまったのか。

　新規ビジネスの立ち上げと近い悩みもありますが、変革の場合は、すでにビジネスが走りはじめているため、既存のビジネスを「走らせつつ変えていく」という複雑さがあります。そして、多少の危機感はあるものの、それなりに回っている現状を改悪する不安もあり、改革に着手するのが怖い、という感情もあります。わざわざメスをいれることに億劫になるのです。

　こんな場合にも、「ビジネスモデル思考」、つまり、ビジネスモデルをベースにしたものの見方が、有益な答えを生み出す助けになります。

2章
ビジネスモデルの構成要素と表現手法

08 ビジネスモデルの構成要素

ビジネスの定義（エーベル）

| Who | What | How |

「誰に何をどのように提供するか」

ビジネスモデルの定義

| Who | What | How |
| 顧客価値提案 | | プロセス構築 |

利益設計

ビジネスモデルの本質は
ビジネスの定義（Who-What-How）に
利益獲得の方法を加えたもの

　「顧客を喜ばせながら、会社が利益を生む仕組み」。1章ではこのように説明したビジネスモデルですが、本や雑誌を見ていると、それが指し示す中身はまちまちです。お客さま満足、戦略、生産体制など一部の要素だけを論じたり、ビジネス全体を論じたりと、いったい何の議論なのかわからなくなります。また、現場で叫ばれる「ビジネスモデルを作れ」などの要望にも、この定義では、具体的なヒントにならなさそうです。

　ビジネスモデルの定義を使いやすいものにするためのヒントになるのが、もう30年以上も前に示された「ビジネスの定義」です。Who - Whatは顧客価値を指し、Howは価値の提供方法を意味します。これは、エーベルという学者が『事業の定義』という古典で示した有名な枠組みです。

　ビジネスモデルの本質はビジネスの定義（Who - What - How）に「利益獲得の方法」を加えたものと考えればよいです。

　一般的にも、ビジネスモデルは、①目的としての顧客価値創造と、それを実現するための②価値提供のプロセス、そして③制約条件としての利益、を構成要素としています。こうしたシンプルな構成要素によって、ビジネスモデルの本質は十分に表現できるのです。これらの構成要素それぞれを別個に議論することはもちろんですが、ポイントは、最終的にこれらの要素が各々に要件を満たしつつ、さらにそれら同士が相互に調整されていること。これが不可欠です。

ビジネスモデルと事業計画の違い

事業計画は足し算（計算）

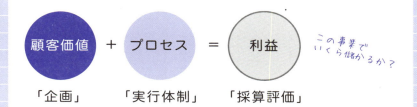

顧客価値 ＋ プロセス ＝ 利益
「企画」　「実行体制」　「採算評価」

この事業でいくら儲かるか？

ビジネスモデルはかけ算（方程式そのもの）

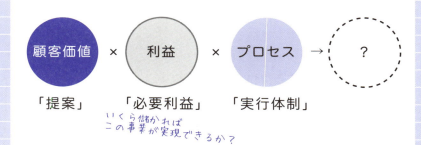

顧客価値 × 利益 × プロセス → ？
「提案」　「必要利益」　「実行体制」

いくら儲かればこの事業が実現できるか？

- 事業計画は足し算
- ビジネスモデルはかけ算
- 利益のとらえ方がまったく違います

　ビジネスモデルは、「顧客価値」と「利益」と「プロセス」について、事業をはじめる前に、それぞれの関連性を描くものです。

「顧客価値と利益とプロセス？　そんなの知ってるよ。事業計画だろ」

　と、こんなふうに、ビジネス経験のある方、経営者の方ならおっしゃるかもしれません。しかし、事業計画（ビジネスプラン）とビジネスモデルは、発想法としては、細かい部分で違いがあります。そして、最終的にできあがるものは、大きく異なります。

事業計画

　事業計画は、「商品やサービス」を定義して、それをどれくらいの「手数」でできるのかをはっきりさせます。次に、それらを「財務」的に翻訳して、利益として表現します。そして最後には、予想の財務数値ができあがります。多くの場合、銀行からお金を借りるときに使われます。あるいは、ビジネスプランコンテスト（いわゆるビジコン）などでも、必要書類として提示がもとめられます。

　つまり、どんな商品やどんな事業をするのかをベースに、最後にそれがどれくらいの利益になるのかという一連の流れを示すものです。

ビジネスモデル

　一方のビジネスモデルは、少しとらえどころと、順番が異なります。まず、商品だけでなく、お客さまに提供する価値「顧客価値」を定義します。それを提案するというのがスタートです。ここではまず、自社と他社の顧客価値がどれくらい違っているのか、ということが重要なポイントとなります。その次に、「利益」に目を移すわけです。

　つまり、事業計画のように「これを売ったらいくらくらいの利益がとれるか」ではなく、その価値提案で積極的にどんな利益の取り方ができるのかを考えるわけです。

　顧客価値が平凡であっても、利益の取り方が面白いために、新たなビジネスモデルとして認知されることもあります。たとえば、テレビゲーム機、ガラケー無料ゲーム、スマホ無料ゲーム、そしてPCの無料ゲーム。これらは、価値提案はほぼ同じでありながら、利益の取り方が異なります。

　そして最後に、そうした顧客価値提案と利益設計の組み合わせをどのように実行するかの「プロセス」を構築する、というのがビジネスモデル的な発想です。

ビジネスモデル思考＝新しい常識

　事業計画は、これまでに存在しているビジネスの延長上で、明確な計画をたてるには重要です。主に、銀行からの融資や既存ビジネスの拡大などのための社内での説明に使われますので、その中心には技術があったり、強い商品があったりします。そして、それを中心にどうやって健全なビジネスが組み立てられるのかを示すために使われるわけです。誤解を恐れずにいう

なら「ある程度確立したビジネスを記述するもの」と理解していただいて結構です。

　他方で、ビジネスモデルは、イノベーティブなビジネスを構築するときに使われます。近年ビジネスモデルが話題になっているのには、そういう背景があります。起業家やスタートアップといわれる新興の小規模企業においては、いかに大企業のルールにのっとらずに戦うかが重要になりますから、ビジネスモデル思考が重要視されるわけです。

　ただ、ビジネスモデル思考で生まれた小規模な企業が急成長し、業界の覇権を奪うこともあるので、大企業の側にも「ビジネスモデル発想が必要である」との認識が強まっています。

　どうやって「商品」を中心として、奇抜な価値提案をするのか、そして、破天荒なやり方で利益を作るか？　常識はずれでマネが難しい経営をすべての企業が指向している以上、ビジネスモデル思考はもはや常識となっているのです。

ビジネスモデルの構成要素と表現手法

ビジネスモデルの描き方①
4つの箱

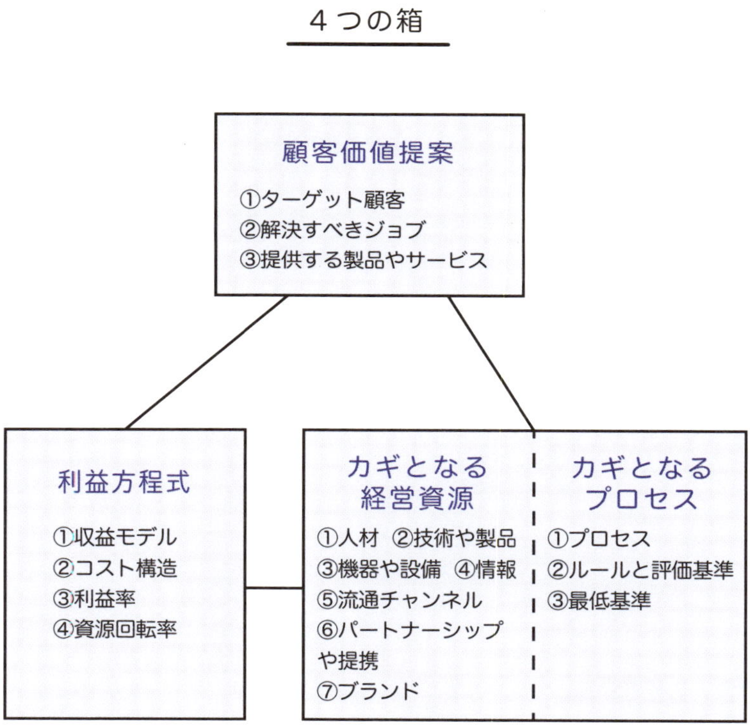

4つの箱

顧客価値提案
①ターゲット顧客
②解決すべきジョブ
③提供する製品やサービス

利益方程式
①収益モデル
②コスト構造
③利益率
④資源回転率

カギとなる経営資源
①人材　②技術や製品
③機器や設備　④情報
⑤流通チャンネル
⑥パートナーシップや提携
⑦ブランド

カギとなるプロセス
①プロセス
②ルールと評価基準
③最低基準

- ビジネスモデル開発のツール
- ４つの構成要素を概念化
- 使うにはアレンジが必要

　まず紹介したいのが「4つの箱」です。これは、イノベーション研究の大家、クリステンセン教授の論文で提示され、その後、論文の共著者であるジョンソンの『ホワイトスペース戦略』で詳しく説明されました。

　順に説明しましょう。まずは、どのように顧客に対して価値を創造するのかに関する決めごとである「顧客価値提案」。これは、ターゲットとなる顧客層、その顧客のジョブ（片づけるべき用事）、ジョブに対応するソリューションからなります。

　次の「利益方程式」は、企業がどのように利益を得るのかの方法論です。コスト構造や利益率の議論がメインとなりますので、「利益評価」の意味合いが強いです。

　そして「カギとなる経営資源」と「カギとなるプロセス」です。顧客価値提案と利益方程式をいかに実現するのかを決めるのがこれらのセクションです。「経営資源」と「プロセス」は表裏一体なので、事実上、ひとつとしてとらえられます。ですので、大きくは3つの構成要素から成り立っていると考えられます。

　4つの箱はビジネスモデルの詳細を決定できる項目を含んでいますが、これに沿ってビジネスモデルを作ろうとすると、やはりまだ概念の域を出ない部分もあります。というのも、構成要素は4つですが、それぞれで決める項目を見ると、それはそれでかなりの数になるからです。また、とっさに判断しかねるものもあるので、使う側のアレンジが必要かもしれません。

ビジネスモデルの構成要素と表現手法

ビジネスモデルの描き方②
ビジネスモデル・キャンバス

ビジネスモデル・キャンバス

⑧カギとなるパートナー	⑦カギとなる活動	②バリュー・プロポジション	③顧客との関係性	①顧客セグメント
	⑥カギとなる資源		④チャネル	

⑨コスト構造	⑤収益の流れ

http://www.businessmodelgeneration.com

構成要素が独立していて、しかも要素が単純な使いやすい設計ツール

　ビジネスモデルを設計（generate）することに的を絞って書かれた『ビジネスモデル・ジェネレーション』という本が2010年に欧米で出版され話題となり、日本でも2012年に翻訳されるや瞬く間に有名になりました。

　この本が話題になった一番の理由は、そこで紹介されている「ビジネスモデル・キャンバス」というツールにあります。9つの構成要素でビジネスを可視化する、というものです。

　具体的には、①特定の顧客層を見定め、②どのようなバリュー・プロポジション（価値提案）を行うのかを決定します。そして、それを可能にする③顧客との関係性と④流通チャネル（販路）を検討します。こうして顧客に価値を提供した対価として⑤収益がもたらされることになります。ここまでが、ビジネスモデルが生み出す顧客価値と収益に関するパートです。

　これらの活動をいかに効率的に実現するかに関して、残り4つの構成要素が当てられています。つまり、⑥必要な資源と⑦必要な活動を準備し、ときには⑧パートナーの力を借りながら、顧客価値を創造します。最後に、ビジネスモデルの効率性が、これらで負担する⑨コストで判断されるのです。

　概念の遊びで終わらないために、ビジネスモデルの実行可能性に多くの要素を割いているのが特徴です。この点に注目したことで、実務家の間ではもっとも有名なビジネスモデルの設計ツールとなっています。

ビジネスモデルの構成要素と表現手法

ビジネスモデルの描き方③
9セル

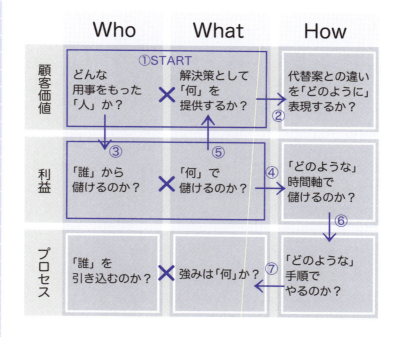

ビジネスモデルを3×3で表現する9セル

タテ軸とヨコ軸の整合性をとりつつ、きっちり9マスを埋めることで「儲ける仕組み」を完成させます

　最後に、わたしが2013年に発表した、3×3のマトリクスからなる9セルメソッドについて説明しましょう。

　このメソッドをつくりだした理由は、これまで「利益の議論」がビジネスモデルにおいておざなりにされていたことです。さらに、顧客価値と利益とプロセスが、それぞれ構成要素にありながらも、それらを有機的につなげることが難しいのではないか？　という認識があったため、理論的に導き出した構成要素を、実業界でもさまざまにテストしながら作りあげました。

　質問は9つですので、ビジネスモデル・キャンバスと同じですが、構成要素の中身が異なっています。

　軸のひとつは、「ビジネスをつくりだす要素」です。具体的には、「顧客価値」と「利益」、そしてそれらを実現する「プロセス」です。もうひとつの軸は、「ビジネスに必要な疑問」である、Who-What-Howです。

　2つの軸から生まれる3×3のマトリクスは、9つの質問を空間的に整理したものですが、これは、重要な決めごと（意思決定項目）のカタマリです。それぞれの決めごとには、ルールがあり、ロジック（論理）があります。これらが、ビジネスの構成要素となり、最終的に「儲ける仕組み」をつくりあげていく上での大切なパーツとなるのです。

　儲ける仕組みをもったビジネスを世に送り出していくためには、この9セルをきちんと埋めて、ストーリーを紡ぎ出してい

くことが必要です。たとえていうなら、構成要素を登場人物として、それらの人物相関図をつくりあげていくようにストーリーが紡がれていくのが望ましいのです。

9セルのポイント

　ストーリーづくりにおけるもっとも基本的なルールは、「ヨコの整合性」です。たとえば、ターゲットとするべき顧客（顧客価値のWho）が変われば、それを受け、顧客に提案するべき解決策（顧客価値のWhat）は当然、変化します。そして、最終的にそれを訴求する方法や価格（顧客価値のHow）も変化します。あるいは、対価を支払う人（利益のWho）が変化すれば、支払いの対象（利益のWhat）も影響を受けます。それによって必要な利益を積み上げる時間（利益のHow）も当然、影響を受けます。プロセスに関しても同様です。どのようなフローで実現するのか（プロセスのHow）が違えば、そこに利用できる自社の強み（プロセスのWhat）も影響を受け、最終的には外部の誰に仕事を任せるのか（プロセスのWho）も変わることがあります。

　整合性の問題はそれだけで終わりません。たとえば、顧客価値のWhoの変化は、何で儲けるのかという利益のWhatや、儲ける時間軸を決定する利益のHowも変化させます。

　さらには、それを実現するプロセスのHowまでも変えていくのです。つまり、「ヨコ」同士の一貫性がとれたら、今度はそれが「タテ」にも波及していきます。

　つまり「タテの整合性」も重要になります。これは、顧客価値、利益、そしてプロセスというカテゴリーをまたぐものであるので、少々複雑に感じますが、実際にビジネスを動かしていく上では重要な関係性です。

描き方の標準的な順序

　もっともオーソドックスな方法は、顧客価値提案からはじめることです。ある顧客を想定し、その顧客がもっている用事の解決策を提案する。それこそが競合との違いや代替する商品・サービスとの違いを認識するポイントでもあるからです。そのため、ほとんどのビジネスは顧客のベネフィット（便益）を決定づける顧客価値のWhoとWhatからスタートします（❶）。

　その次に、その価値を顧客に伝え、関係性を保つためのHowに移行します（❷）。提案するのは顧客価値なので、ここではベネフィットだけでなく価格帯も重要になります。

　次に重要なのが、顧客のベネフィットと合わせて考えるべき支払いです。ここでは支払い者と支払いの対象が問題となります（❸）。たとえば、「利益を期待するお客」と「利益を期待しないお客」、そして「利益を期待するモノやサービス」と「期待しないモノやサービス」の組み合わせについて話を展開します。ついで、「どのような手法で利益を獲得するのか」という儲ける時間軸について決定する必要があります（❹）。

　ここまでいけば、ある程度、顧客価値と利益のつながりが明らかになります。しかし、顧客価値と利益が同時につくりだせなければ、顧客のベネフィットそのものを変更する必要も出てきます。❺の矢印は、このことを表しています。

　以上の手順で、顧客価値と利益の組み合わせが作れれば、あとはそれを実現するステージへ移行します（❻）。そこでは顧客に価値を届け、利益を生むためのバリューチェーンを描きます。そして、それを実現するうえでの強みを分析し、弱みを補完するパートナーと組むという意思決定をします（❼）。

ビジネスモデルを研究する理由

　ビジネスモデルという分野は、いまでこそ学術研究の分野として成立していますが、少し前までは実業界だけで流通する言葉とされ、研究分野としては認められていませんでした。

　ビジネスモデルはさまざまな分野の複合体です。マーケティングから入る人もいれば、戦略論あるいはファイナンスや会計から入る人もいます。

　私はというと、実はファイナンスから入りました。そもそもは、企業の将来の利益やキャッシュフローを占いながら、企業価値を評価するという研究していました。しかし、研究を進めるうちに「？」がたくさんついたのです。

　将来の利益がどうやって作られているのかを考えた時に、ファイナンスだけでは答えが出ない、つまり、完結しないのです。その答えは、戦略論や、もっと遡ればマーケティングにあります。そのため、ファイナンスと戦略論を融合させたり、さらにそこにマーケティングをいれこんだりしているうちに、ビジネス全体を俯瞰しなければならないことがわかりました。

　そして到達したのが、ビジネスモデルです。

　要素の単なる足し算では終わらないのがビジネスモデルの面白いところです。新たなビジネスを作り出すため、マーケティングと戦略とファイナンスを最適化させる必要があります。現在のビジネスモデル論は、まさにそうやって他分野の叡智を借りながら、いままさに、オリジナルなものへと展開しつつあります。これからが楽しみな分野です。

3章
顧客価値提案

顧客価値提案の3大要素

顧客価値の Who-What-How

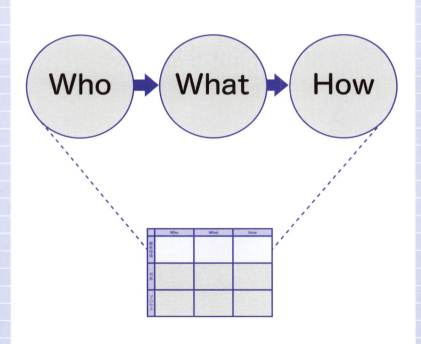

- どんな用事を抱えた人か？
- 解決策は何か？
- 代替案との違いをどう表現できるか？

　顧客価値とは、顧客が支払ってもよい（と考える）価格（支払意欲、Willingness To Pay）が、商品やサービスの価格を上回っている部分のことです。つまり、お客様が感じる「お得感」です。
　これを考える上では、次の3つの質問に答えます。

どんな用事を抱えている人を顧客にするのか？

　まずは顧客がどんな人かを知っておく必要があります。職業や年齢、性別などで分析しても詳しいことはわかりませんので、顧客が片づけたい用事（job to be done）で分析します。つまり、どんな状況にある人なのかを探るのです。

なにが解決策となるのか？

　つぎに、その片づけるべき用事に対して、自社がどんな解決策（ソリューション）を提示するのか、を問いかけます。ポイントは、その用事を片づけるのに、最適なものを提案できているのかです。

どんなふうに代替策との違いを表現できるか？

　いわゆるプロモーションや広告宣伝方法、キャッチフレーズです。そして、顧客価値を形成する大切な要素である「価格」もここで決定します。WTPの範囲内でいかに価格設定するのかは、かなり重要な問題です。

顧客価値提案

「片づけるべき用事」の重要性

14

まだ解決されていない用事に注目しよう

Who

☹ 片付けるべき用事

What

未解決部分が大きければ
チャンスあり！
↓

商品A 🎁 　未解決の用事

小さくても、優先度が高ければ
チャンスあり！
↓

商品B 🎁 　未解決の用事

顧客価値提案では、ニーズを探るのではなく、「未解決の用事」に注目しよう

　誤解を恐れずに言うなら、ニーズという言葉が、新たな顧客価値提案の邪魔をすることがあります。「ニーズ」というのは、モノがある程度はっきりした状態で、顧客がもつ欲求です。いまだ見たことのないものや、代替品があることなどは、企業はおろか顧客にもわかっていません。そのため、ニーズではなく「用事」をみることが重要です。

　製品を、モノではなく、顧客に対する解決策としてとらえたときに、本当にそれが、顧客の片づけたい用事を十分に片づけているのか？　これを分析することが重要です。

　顧客の用事を見据えて、未解決の部分が多くあるとき、それは大きなチャンスを意味します。

　お客さまの用事に対して、既存の商品Aがそれをきれに片づけていなければ、それは他社にとって大きなチャンスです。あるいは、商品Aが自社商品なら、その気づきをもとに商品を大きく改善するチャンスがあるということです。

　一方の商品Bは、用事を大きくカバーしている、良い商品です。しかし、こういった商品にも弱点がないわけではありません。もし、お客さまが重要だと思うポイントを少しでも外しているなら、他社が攻め込むチャンスがあります。

　お客さまが重要視するポイントは移り変わるので、いくら高性能でも、重要度が高いポイントが取り残されることはありえます。

顧客価値提案

顧客価値提案のヒント「ふとればかち」

魔法のキーワード！

ふとればかち

ふ = **不** を解消すると **価値** になる

- 不満
- 不安
- 不確実
- 不利益
- …

不便、不必要、不確実……
顧客の「不」をとることで、
顧客価値が生まれます

　顧客目線でビジネスをする上での魔法のキーワード。それが「ふとればかち」です。「太れば勝ち」ではありません。

顧客の「不便」や「不満」がヒントに

　顧客の「不」をとってあげること、それこそがビジネスの神髄です。不便、不満、不確実性、不利益など、顧客が用事を解決する、あるいはよりよい生活を送るためには、このような言葉から「不」を取ってあげてればよいのです。

　つまり、顧客がより便利で、満足し、確実に、そして自身の利益になるように、会社がなんとかしてあげるのです。それこそがビジネスであり、最終的に顧客に「価値」を生みます。つまり、「不とれば価値」です。

　それにはまず、「既存の製品やサービス」に対して、「不」の目線を持つことが重要です。あるいは、「これまでの自社の製品やサービス」に対しても、ストイックに「不」の目線を持つことが重要です。これは、会社を変えるときに必要です。

　ただし、いずれにしてもその背後には、「顧客の片づけるべき用事」を想定することが何より重要です。なぜならそれが、世の中にある「ソリューション」の判断基準となるのですから。

顧客価値提案

顧客の「不」を見つける方法 16

顧客の「不」を見つけるI・O・U

Interface
「使いやすさ」、「気軽さ」、「頼みやすさ」など。
「〜にくさ」を「〜やすさ」に変えましょう。

Overspec
簡単に酔っぱらいたい人は、立ち飲み屋で十分。
立ち飲み業、すごくウケてますよね。

Uncertainty
具体的には、「価値保証」などがそれにあたります。
通信販売でみられる返品保証制度などです。

「インターフェイス」、「やりすぎ」、「不確実性」をヒントに、顧客の「不」を発見しましょう

「不」に関する具体的なアプローチを紹介しましょう。

これは、図にも示したような、3つの質問で対応できます。

まずは、製品やサービスを買うとき、そして使用するときにおこる不便はないか。つまり、顧客が用事を片づけるために、その製品を使ってソリューションを出すまでに起こる周辺事情、つまり、ソリューションまでのつながりであるインターフェイス(Interface)の問題です。すでに世にある製品や主たるサービスをうまく使えない状況を見つければ、あなたにも顧客価値を創りだすチャンスが十分にあります。そこを新たなサービスとしてカバーすればよいのです。

次に、売り手が買い手とは異なる部分でこだわりをもっていないか。これは、既存のソリューションそのものが、用事を片づけるのに適切であるかどうかに関する問いです。ただしく製品やサービスの認知がなされているのか、製品に不必要なものがないか、つまりは「やりすぎ（Overspec）」でないかどうかの問題です。

最後に、購入を躊躇させる理由はなにか。便益がうまく伝わったとしても、それが自分の思った通りに成果を果たしてくれるかどうかは多くの場合未知数です。顧客は不確実性（Uncertainty）をきらうものです。不安材料がどのようなものかを事前に特定し、それをソリューションに組み込むことができれば、製品の認知は高まり、顧客価値も飛躍的に高まります。

顧客価値提案

顧客の状況を
くみ取るツール

17

活動チェーンで、顧客の活動全体を見る

購入ステージ / 用事解決ステージ / 継続ステージ

問題認識 〉 テーマを探る 〉 キーワードを念頭に 〉 解決方法を探す 〉 購入 〉 使う 〉 マスター 〉 用事解決 〉 メンテナンス 〉 廃棄 〉 アップグレード

問題の発生から購入、使用して廃棄・再購入までの一連の活動をイメージしよう

　顧客が用事を解決できないでいる状況を考えるには、製品そのものだけでなく、製品を取り巻く周辺事情が大きなヒントになります。これには購入時、問題解決時、そしてそれを継続する時の3つのステージがあります。

　ある用事を片づけるためにその製品を雇いたいと思っても、まず、それを購入するときに種々のコストが発生します。つまり、購入に際しての不便さです。これを簡単にするだけでも、顧客の評価はかなり改善されるでしょう。

　次に、用事を片づけるときにも障害があります。具体的には、使いにくさです。技術中心の会社は差別化を考えるあまり、製品に機能をもりこみ過ぎます。これは、顧客がほしいポイントを理解していないときにおこりますが、その結果、使い勝手が悪くなることもあるのです。すべての機能について、それが何に使えるのか、何の役に立つのか、どんな用事を適切に片づけてくれるのかを検討する必要があります。本当に必要なものを磨きこみましょう。

　さらには、用事を片づけた後におこるメンテナンスの課題があります。用事を片づけても、それを持続するためには修繕や廃棄、アップグレードなどをする必要が出てきます。そのとき、たとえばメンテナンスや取り換えがやりにくかったり、廃棄に手間がかかったりするなら、それもまた、その製品を雇うことへの妨げになります。

俺のイタリアンはなぜ繁盛店になれたのか？

土田 有紗

　不景気だと言われているにもかかわらず、立ち飲みの居酒屋と三ツ星レストランは毎晩非常に繁盛しています。立ち飲みと三ツ星レストランという真逆の要素がもつ勝ちパターンをくっつけることで、「俺の○○」シリーズが生まれました。

　始まりは、2011年9月に東京都の新橋にオープンした「俺のイタリアン」です。コンセプトは、「一流の料理人が、高級食材を"じゃぶじゃぶ"と用いた一流の料理を作り、驚くほど安い価格で提供する」です。

　今までは「安いが味はそこそこ」の飲食店に行っていた層に、同程度の価格で、一流レストランのシェフの作る高級料理を提供しているのです。

◎顧客価値提案

　俺の○○シリーズのターゲットは「低価格で美味しいものを食べたい人」です。今まで低価格な飲食店に通っていた人に、一流の料理を低価格で提供します。多くの飲食店は原価率を30％以内に抑えますが、しかし、俺の○○シリーズは、原価率が高くても構わないという方針で運営されているため、高級食材を使うことができます。その結果、お客さまに喜んでもらえる料理が提供できるのです。

　以上のことをまとめると、次ページの図のようになります。

「俺の〇〇」の顧客価値（9セルの一部）

	Who	What	How
顧客価値	美味しいものを低価格で食べたい人	一流の料理人がつくる高級食材を使った低価格な料理	他店よりも安い価格

　提供する料理の最多価格は580円。トリュフやフォアグラを使った料理も580円で提供されています。この価格であれば、イタリアンやフレンチでも金額に抵抗なく、料理を楽しんでもらうことができます。

　では、高級レストランで働いていた料理人が高級食材をふんだんに"じゃぶじゃぶ"と使用して作った料理が、なぜ低価格で提供できるのでしょうか。

　その理由は、回転率が高いことです。俺の〇〇シリーズは15～20坪程度の小さな店舗ですが、1日3回転以上しているため、月商1200万円～1900万円の大きな売り上げを稼いでいます。多くの飲食店は、原価率を30％に抑えようとしますが、俺の〇〇のフードメニューの原価率は60％超。原材料費だけで赤字の料理もあるそうです。

　しかし、立ち飲み形式にすることで、椅子がある店の3倍の人が入店できると共に、長居しにくい環境になり、回転率が上がります。4回転すれば、原価率が88％でも赤字を避けることができます。

　実際に、俺のイタリアン（GINZA店）のメニューでは、ワインやビールの価格は500円～800円程度です。しかし、高級食材を使った「オマール海老のパスタ」が1,280円、「トリュフと

フォアグラの目玉焼き」は580円と非常にお得感のある価格で提供されています。つまり、フードだけの注文では赤字ですが、ワインやビールをフードと共に注文してもらうことで、利益を得ることができます。

　俺の○○シリーズは、銀座8丁目に集中して出店するドミナント戦略をしています。一般的に、銀座に出店して成功すれば、次は渋谷や新宿や六本木など商圏が広い繁盛街に出店する計画を立てますが、俺のイタリアンA店、B店、C店、俺のフレンチA店、B店、C店を狭い範囲に出店することで自社内の競争をあおり、全ての店をより良い店にすることを狙っています。

　俺のイタリアンや俺のフレンチは、料理人の不満にビジネスチャンスがあるという発想から閃きました。今まで高級レストランで働いていた料理人が、俺のイタリアンや俺のフレンチの料理人になり、高級レストランでは作りたくても作れなかったメニューを提供します。自分の開発したメニューで顧客に喜ばれることは、料理人にとっての最高の喜びです。

◎音楽＆フレンチの店も

　料理人と同じように、お金と時間をかけているのに、なかなか認めてもらう機会のない人が、ミュージシャンです。このことからヒントを得てはじまった店が、フレンチとジャズライブをコラボレーションさせた「俺のフレンチ Table Taku」です。

　この店では、毎晩ジャズライブが行われ、1回につき50人がジャズライブを見て、1日に3回転する仕組みになっています。1人300円のライブチャージ料が必要ですが、一般的なライブチャージ料は3,000〜4,800円なので、非常にお得感のある価格です。

1回のステージで300円×50人なので15,000円、1日3回転するので45,000円の売上になります。一般的なミュージシャンのギャラである1万円を引いて、35,000円の粗利がライブから得られます。

◎とがった顧客価値が集客をサポート

リピーターを増やすために何か特別なことをしなくても、顧客に喜ばれることを行えば自然とリピーターが増えて常連となり、新しいお客さんを連れてきてもらえる。つまり、特別な宣伝をせずにリピーターを獲得する、というのが俺の〇〇シリーズの集客の考え方です。

例えば俺のイタリアンのオープン初日は台風。繁盛とは程遠いスタートでした。しかし、一ヶ月もたたずに、口コミによって飲食店の激戦地である新橋で繁盛店になりました。

「580円とは思えない味の料理が食べられる」「3,000円でお釣りがくる」などの口コミが広がり、「3,000円なら今日仕事帰りに行ってみよう」という動機に繋がります。そして、口コミで来店した人が、今度は友人を連れて来店します。

このような口コミの広がり方で、オープンから1年後の2012年8月には月商1560万円の繁盛店になりました。

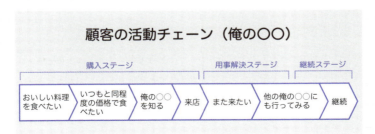

工業用品から生まれたおしゃれアイテム

丸山 晴香

　工業用品の用途革新により、発売4年で20億円の小売市場を生み出した、雑貨用途のマスキングテープ。中でも、その市場の約9割のシェアを占める「mt」をとりあげます。

　mt事業を行うカモ井加工紙株式会社は、1923年創業の工業用テープの専門メーカー。建物や車、家具などを塗装するときに使われる工業用のマスキングテープを作っていました。

　つまり、すでに何かのソリューションであった、工業用マスキングテープが存在している状態からのスタートであったと言えます。

　きっかけは、東京に住む3人の女性からの「工場見学をしたいという」メールです。そのとき彼女たちが送った自主製作のマスキングテープのミニブックは、工業用マスキングテープで作ったとは思えない、美しいデザインとなっていました。そこから開発が始まった雑貨用途のマスキングテープは「人と違うものを持ちたい」「簡単で手軽な趣味がほしい」といった片づけるべき用事を持った女性に向けたものです。

　色や柄がカラフルで視覚的に楽しいだけでなく、「手で切れる」「貼ってはがせる」「文字が書ける」などの優れた機能性と、和紙の柔らかな風合いや色合い、透け感などの触り心地なども持ち合わせており、持つ人によって違う個性を発揮するように作られています。

これを顧客価値提案のセルにあてはめてみると、顧客価値のWhoは「自分らしさを楽しく表現したい女性」ということになります。顧客価値のWhatは、マスキングテープそのものから、マスキングテープを使うことで表現される、自分らしいライフスタイルに変わっていったと思われます。

　代替ソリューションを考えると、服を買ったり、化粧をしたり、ネイルをしてみたりと、女性が生活する中で、自分らしさを表現すること、が当てはまります。

　価格帯の面から代替ソリューションとの違いを見てみます。服や化粧品などは、一式揃えようと思うと、最低でも1万円はかかります。また、ネイルも、1回の平均価格で5,000円ほどかかります。これに対してマスキングテープの値段は1パックで150円。代替ソリューションの1割未満で購入できます。また、自分のアレンジ次第でどんなものにも活用でき、マスキングテープがあれば、ネイルも自分でできてしまいます。まとめると、顧客価値のHowは、「150円で表現方法は無限大」となります。

　カモ井加工紙株式会社のmt事業は、既存の商品を、それまでターゲットとしていた顧客からずらすことにより、もともとは工業用であったマスキングテープが、女性に大人気のオシャレなアイテムになったという事例です。

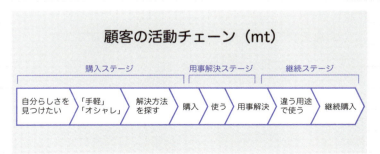
顧客の活動チェーン（mt）

10秒でとれる朝ごはん

池田 カンナ

　森永製菓が1994年に発売を開始した「ウイダーinゼリー」の顧客価値についてみていきます。ウイダーinゼリーは、時間がない朝やスポーツ時の手軽な栄養補給などのあらゆるシーンでパワーがチャージできるゼリー飲料です。

　ウイダーinゼリーは、森永製菓の年間売上高1,646億円（2013年度）のうち約300億円を占める、同社の主力商品です。

　そもそも「ウイダー」とは、森永製菓が健康ビジネスを立ち上げる際に業務提携をおこなった米国ウイダー社の創業者ジョー・ウイダー氏に由来します。彼は、知る人ぞ知るボディビルの創始者であり実業家でもあります。彼は、アーノルド・シュワルツェネッガーやシルベスター・スタローンなどの世界的に有名な数多くのアスリートや一流のトレーナーを育ててきました。そのウイダー社からプロテイン（タンパク質）のパウダー製品を導入し、1984年に国内でボディビルダーや一部のアスリート向けに発売しました。

　その後もプロテイン商品を販売し続けた同社ですが、「アスリート向けだけでは事業の広がりに欠ける。また、それまでにスポーツ向け栄養補助食の分野で蓄積した知見をなんとか一般消費者にも広げたい」そんな思いから検討を重ねた結果として、1992年に缶飲料の「ウイダーinドリンク」（350ml）を開発・発売しました。

ウイダーinゼリーは1994年に、スポーツの前後や最中に新しい感覚（＝飲む手軽さ＋食べる満足感）で摂取できる栄養食品をテーマに開発されました。容器には、携帯性に優れた「スパウト付アルミパウチ」を採用しています。スポーツ時に摂取できる栄養食品をテーマに発売しましたが、需要拡大のため、「10秒でとれる朝ごはん」というキャッチコピーを掲げ、朝ごはん代わりの商品というイメージを定着させました。

◎顧客価値提案

　1996年のウイダーinゼリーがターゲットにしたのは、ずばり「忙しくてごはんを食べる時間がない、だけれど栄養補給したい」という人です。

　森永製菓は、このような用事を抱えたお客様をターゲットに、素早くエネルギー補給できるウイダーinゼリーを提供しました。なめらかなのどごしですばやく飲めますし、固形物と違って喉が渇きません。

　また、しっかりと適度な腹持ちがします。エネルギーは、お米などに含まれるでんぷんよりも消化・吸収が早い、スポーツにも適したエネルギー源であるデキストリンを主成分としています。1袋でおにぎりおよそ1個分のエネルギー（180kcal）が補給でき、忙しくて食事が摂れない時の手軽な栄養補給に使える商品です。

　ウイダーinゼリーは、「10秒でとれる朝ごはん」というキャッチコピーで、解決する「用事」を分かりやすく表現されながら市場に売り出されました。

◎代替ソリューションとの比較

　栄養がとれる、しかも短時間でとれるものといえば、他には、おにぎりやパンなどもあります。しかし、それらはゼリーとちがってのどごしが良くないので、短時間でとれるといってもウイダー inゼリーには敵いません。また、おにぎりやパンだと飲み物も付随的に欲しくなるので価格も高くつきます。一方、ウイダー inゼリーは一個で栄養補給と水分補給ができます。価格も、おにぎりやパンと飲み物を購入するより、安くなります。

　1999年に、ウイダー inゼリーは、朝ごはんだけにとどまった商品ではなく、積極的なつなぎ食として用いられていることが分かったため、キャッチコピーを「10秒チャージ、2時間キープ」に刷新。2007年には「あなたには、あなたの10秒メシ。」というキャッチコピーで、消費者の多様なライフスタイルに対応する商品であることを訴求しました。
　現在は、積極的つなぎ食や多様なライフスタイルのみならず、あらゆるシーンに対応できる普遍性のある商品として市場に浸透しています。

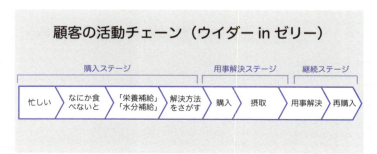

◎川上より

【俺のイタリアン】
　メディアでもよくとりあげられる「原価度外視」のレストラン。その点ばかりとりあげられるので、お客さまを満足させることはできるものの、いったいどうやって儲けているのかが気になります。それをビジネスモデル目線でよく分析してくれました。特に、ジャズライブでのチャージは、お客さんが喜ぶだけでなく、貴重な収益の入り口に。このあたりの着眼点が楽しい事例です。

【mt】
　すでにある製品を、別の用事をもつ顧客に「置きにいったら」どうなるのか？　工業用と女性用。基本的には同じソリューションを、なんともかけはなれたユーザーに提供し、ヒットを生んでいます。このような商品に目が行くのは、大学生しかも女子ならではといったところで、面白いです。

【ウイダー】
　みなさんご存知のウイダーも、最初にあったスポーツ関連の価値提案ではなく、その後に判明した、多くの顧客の「忙しい」という状況に向けた再提案からヒットが生まれたという興味深い話です。その秘訣は、すでにある商品が、誰に喜んでもらえるのかという「置きにいく」発想。既存事業でも有効な考え方です。さらにそこに明快なキャッチフレーズ「10秒メシ」が効きました。顧客価値のWho-What-How、バカにできないですね。

成功事例を追ってはいけない

　ビジネスモデルは、顧客価値と利益、そしてプロセスの組み合わせによって、新たなビジネスを生み出していくための思考法といえます。したがって、いかにオリジナルのものをデザインするのかということに主眼を置く必要があります。

　もちろん、まったくのオリジナルのものなど生まれません。なんらか参考にするものがあって、それを下敷きに作り上げていくのです。しかし、それは、ビジネスモデルそのものをすべて真似するということとは全く違います。

　ビジネスモデル思考をトレーニングして、ひと通り分析できるようになると、ビジネスのカラクリがわかってくるようになります。しかし、それを全く同じようにマネをしても「二匹目のドジョウ」になるだけです。

　よく講演や研修をしたときに「○○についての成功事例を教えて下さい」と言われます。みなさんそこから、出来上がったビジネスを真似しようとしますが、それはあまり生産的ではありません。それはすでに終わったことです。

　それよりも大切なのは、お手本としたい彼らが、どのようにビジネスの構成要素を作り上げ、一貫させたのか、つまり、考え方や作り方を学ぶことです。うまくいっているビジネスモデルを結果として捉えるのではなく、それがいかにして作り上げられたのかを想像する。つまり、時間を巻き戻して考えてみるのが最も面白いビジネスモデルの勉強法なんです。

4章
利益設計

利益設計

利益設計の3大要素

利益の Who-What-How

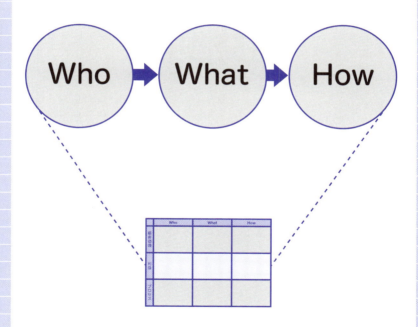

- 誰からは儲けないのか？
- 儲けないものはなにか？
- どのような時間軸で儲けるのか？

最近のビジネスは、利益の生み方に工夫をこらしていますが、その基本となる、利益設計の3大要素についてみていきましょう。

誰から儲けて、誰からは儲けないのか？

特定のマーケットの中には、利幅の厚い顧客もいれば、利幅の薄い顧客もいます。その組み合わせを、成り行きの結果として受け止めるのではなく、事前にかつ主体的に決定しておくことが重要です。

例えば、利幅の薄い顧客を、そもそも「利益を期待しない顧客」であると決めておくやり方です。

何で儲けるか？　儲けないものは何か？

自社が取り扱う製品・サービスのなかでも、世の中に価値を伝えるべきものと、多くの利益を得るためのものを分類し、それぞれの役割を与えていきます。まさしく「何が利益のカギになるのか」に関する重要な意思決定です。

どのような時間軸で儲けるのか？

さらに、「どのようなタイミングで利益を収穫するのか」は、利益に関する「誰」と「何」をいかに組み合わせて、最終的な利益創出方法を決定する、意思決定の仕上げです。

利益設計

利益はどうやったら増えるのか？

利益を高めるレバーはどれか？

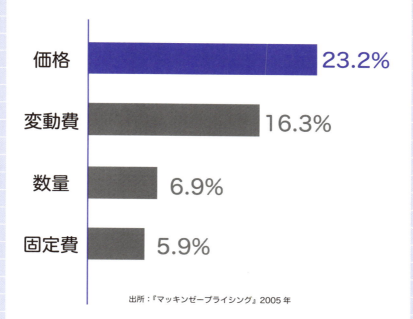

- 価格　23.2%
- 変動費　16.3%
- 数量　6.9%
- 固定費　5.9%

出所：『マッキンゼープライシング』2005年

価格を1%上げると営業利益は23.2%上がります。安売りせず、価値を磨きましょう

ズバリ、利益はどうやったら増えるのでしょうか？

利益は、売上からコストを差し引いたものです。営業利益を分解すると、価格、販売数量、変動費、そして固定費4つの要素になりますが、営業利益を大きくするのに、最も影響力があるのはどれでしょうか？

その答えは、なんと価格にありました。少し古いデータですが、東証一部上場企業の実データをもとにした左の図は、ほかの要素を一定とした場合に、それを1%改善することで営業利益が何%改善するのかを示したものです。

これをみると、ダントツの1位は「価格」です。価格を1%上げることに成功すれば、営業利益は23.2%増えるのです。これに対して、日本企業が重視してきた固定費のカット（リストラ）はもっとも効果が薄く、1%カットできたとしても、5.9%の利益改善にしかなりません。つまり、価格をあげられる会社ほど多くの利益を手にします。あるいは、デフレ下でも安売りせず、価格を下げない会社が多くの利益を手にするのです。

一方で、最近のビジネスモデルをみてみると、商品を安く、ときには無料で提供しても、高い利益率を実現している会社があります。

大企業でもなく、スケールメリットを使わず、コスト削減に頼らず、どうやってこんなことが実現できるのでしょう。これについては次ページ以降で解説します。

利益設計

儲けないから儲かる

儲けないお客さん、儲けない商品を作る

↑
お金をいただくのは
このお客さんだけ！

↑
これ以外のサービスは
すべて無料！

だれから儲けて
だれから儲けないのかを、
事前に決めましょう

　最終的には商品の直接的な販売によって利益を得るとしても、そこに至るまでに利益が出なければ、企業は存続できません。だからこそ、資金力が弱い中小・零細企業は、業界のチャレンジャーとして、知恵を絞って、利益を生む仕組みを創造してきました。

　たとえば、成熟したゲーム業界に参入したGREEやDeNAは、任天堂やソニーに対して利益のとり方を変えたのです。あるいは衰退期の音楽業界に参入したアップルも、従来の音楽業界のあり方に変革をもたらしました。

　実は、チャレンジングな企業の多くは、技術の優位性のみで勝負するのではなく、「利益の収穫方法」を大切にしながら、大企業と渡り合っているのです。あるいは、明確に顧客のことを考えながらも、その土俵からできるだけ目線をずらし、そして収益をもたらす方法に工夫を凝らしているのです。

　物販やサービスの対価以外にも、儲け方はたくさんあります。それをどうやって実現していくのかがポイントです。

　それには、顧客によってメリハリをつけながら収入をとっていく方法が望まれます。難しい話ではありません。だれから儲けてだれから儲けないのかを、事前に決めましょうという話です。それを決めた上で、利益の計算をしておけば、競合とはかなり違った戦い方ができるようになるのです。

クックパッドの儲け方

平戸 梨菜

　20〜30代女性の8〜9割が利用する日本最大の料理レシピサイト「クックパッド」は、料理レシピの投稿・検索サイトとして1998年に誕生しました。現在の投稿レシピ数は178万品を超え、日々料理する20〜30代の女性を中心に、月間のべ4,490万人以上に利用されています。

　ここでは、そんなクックパッドの利益のとりかたをみていきたいと思います。

　クックパッドは「自分の『おいしい』を他人にも味わってもらいたい。今日の献立を決めたい」という人に向け、サービスを提供しています。その代替商品は、レシピが載っている雑誌や料理の本です。また、代替ソリューションには、クックパッドが目指す「午後４時頃、夕食の支度を始めた主婦が抱えた問題」を解決する道具、つまり、ガス台やレンジ、冷蔵庫や炊飯器と同じように、キッチンで使う道具が挙げられます。「クックパッド」という名前には、料理の気軽なメモ帳、自分の料理帳といった意味が込められています。

　なんといってもクックパッドの魅力は、基本的に無料で利用できるウェブサービスである、という点にあります。

　無料で利用できるウェブサービスと聞くと、すぐに思いつく儲け方は広告の販売ですが、実は、クックパッドはいわゆる「広告モデル」の企業ではありません。

◎3つの利益

　クックパッドは、月間のべ4,490万人以上ものユーザー、しかもほとんどが料理を作っている女性という、特徴のはっきりしたユーザーが集まるサイトです。その膨大な検索データが、食品業界や流通業界にとっては、宝の山であることは言うまでもありません。これをうまく利用した「たべみる」の会員企業から、時間差で利益を得ることができます。

　さらに、クックパッドの使い勝手がアップする有料サービス（月額294円）や携帯電話向けの「モバれぴ」会員からも利益を得ています。また、関連グッズの販売や、食品・飲料・キッチン用品・調理器具・家電などの広告でも利益を得ています。

クックパッドの利益設計（9セルの一部）

	Who	What	How
利益	データを買う人 （たべみる会員）	会員費	時間差
	広告を載せる人	広告費	時間差
	プレミアムサービス モバれぴ 会員になる人	会員費	時間差

【川上より】
　レシピを、本などではなく、いかにフリーで提供するのかがポイント。まさにアンダーソンの『フリー』のお手本のようなビジネスモデルです。普段使っているものがロジカルな「儲け方」によって支えられていることがわかる、面白い事例です。

ワキ脱毛200円はなぜ可能か？

藤本 かのん

　ワキ脱毛無期限200円などのキャンペーンを行っているミュゼプラチナム。どうしてそんな価格でサービスが提供できるのでしょう？　運営主体であるジンコーポレーションを9セルで分析します。

◎顧客価値提案

　ミュゼプラチナムの価値は、どのようにして私たちに提供されているのでしょうか。ＣＭや電車内の広告でミュゼプラチナムのお得なキャンペーン広告を見たことがあると思います。そうです、ワキ脱毛無期限200円など、主にワキ脱毛を低価格としたインパクトのあるキャンペーンを頻繁に行い、それを多くのメディアで宣伝することで、10代〜40代の女性に脱毛デビューする機会を多く設けることからその活動を始めています。

　ワキ脱毛に比べると高くなりますが、ミュゼプラチナムはほかの部位の脱毛においても、他社より数千円〜数万円低い価格でサービスを提供しています。また、キャンセルや返金などの制度も充実しており、エステ業界ではめずらしい、手厚いアフターフォローを行っています。

　まとめると、ジンコーポレーションはムダ毛処理に悩む10代〜40代の女性（顧客価値のWho）に「安心、便利、通いやすい脱毛サロン・ミュゼプラチナム」（顧客価値のWhat）を「インパ

クトのあるキャンペーンを頻繁に行い脱毛デビューの機会を設け、競合他社よりも低い価格で、エステ業界には珍しい充実したアフターサービスまで用意する」（顧客価値のHow）という形でサービスを提供している、となります。

◎利益設計

では、利益はどのように得ているのでしょうか？　どうして、200円という超低価格が可能なのでしょうか？

実は、ミュゼは超低価格のワキ脱毛を提供していますが、実際にミュゼに通うお客様のうち、ワキ脱毛のみの契約者は3割のみ。残り7割のお客様は、ワキ脱毛をきっかけにそのほかの部位・全身脱毛を契約しています。ワキ以外の部位や全身脱毛は、いくら安いミュゼプラチナムでも数万〜数十万円といった価格。ワキ以外の部位の脱毛も行うロイヤルティの高い顧客に提供する、部分・全身脱毛などの高価格帯サービスで儲けているのです。

また、ワキ脱毛の場合、脱毛が完了するのに2年は通い続けなければならないため、何度も来店するうちにほかのサービスへの興味がわき、脱毛する部位を追加するお客様がほとんどということです。つまり、時間差で儲けている、といえます。

◎もうひとつの利益

実は、ジンコーポレーションの利益設計はこれだけではありませんでした。もう1つの利益を、三者間市場から得ています。現在ミュゼの会員数は約210万人。つまり、ジンコーポレーションは210万人の女性の、美容・健康・ダイエットに関するデータベースを保有しています。このデータベースを、女性向けの企

画立案や集客に悩む企業へ売ること、また、データベースを基に製品の企画を行い、それらの企業に提案することから収益を得ています。三者間市場での利益となる顧客のデータを集めるまでに、時間がかかっているので、儲けるタイミングは時間差となります。

　これら２つの利益により、超低価格を実現しているのです。

◎プロセス構築

　ここまでのサービスをジンコーポレーションはどのような手順で行っているのでしょうか？

　まず、広告・ＣＭを使いお得なキャンペーンを宣伝し超低価格なワキ脱毛を提供しています。そして充実したサービスや丁寧な接客によりエステ業界に対するマイナスイメージを除去すると共に、ワキ脱毛以外のお得なセットプランを提供。さらに、このようなサービスの提供で会員数を増やし、データを蓄積・分析し、製品企画も行っています。これがプロセスのHowです。

　この活動にはジンコーポレーションの強みともいえる経営資源が３つ活かされています。それらの強みがプロセスのWhatになります。１つめの強みとしてはミュゼプラチナムの全国173店舗という店舗数。２つめは、口コミ力です。実は、ミュゼプラチナムでは新規顧客の約３割が既存会員からの紹介です。さらに出店方法にはドミナント戦略をとりいれており、口コミが湧きやすくなるようにしています。強い口コミ力は、広告費の大幅な削減にもつながっているようです。３つめの強みとしては膨大なデータがあげられます。この膨大なデータによって三者間市場による利益が発生しているので、大きな強みです。

　しかし、ジンコーポレーションは、膨大なデータから企画提

案をするまでのノウハウはあるものの、実際に企画を製品にするノウハウは持っていません。ここはだれかに頼まなくてはいけません。これが9セルでいうプロセスのHow「誰と組むか」にあたります。同社は、データベースを基にした企画を実際の製品にしてくれる企業と組み、強みを活かした製品づくりを行っています。女性専用全身シェーバー「Feerie」ではPanasonicと、同社が発行する雑誌「Shunme」では、情報誌の「ar」（主婦と生活社）と組んでいます。

ミュゼプラチナムの9セル

	Who	What	How
顧客価値	ムダ毛処理に悩む10代〜40代の女性	安心、便利、通いやすい脱毛サロン（ミュゼプラチナム）	・低価格 ・キャンセル料なし ・返金制度の充実
利益	ロイヤルティの高い顧客	高価格帯サービス	時間差
利益	女性向けの企画立案や顧客に悩む企業	データベースに基づく製品の企画	時間差
プロセス	データベースに基づく製品企画を実際に製品にしてくれる企業	ミュゼの圧倒的な口コミの多さとデータベース、店舗数	低価格でワキ脱毛を提供しつつデータを収集、分析、製品の企画をするまでの活動

【川上より】
　不明な部分を社長室に連絡してヒアリングしただけあって、苦労の跡が見えます。結果、脱毛サロンだけでない、大きな視野でビジネスが構築されていることがわかりました。全社戦略としてのビジネスモデルの考え方が見える好例ですね。

利益の取り方を変えた
ブランド品レンタル

久保 友香里

　インターネットで、シャネルやエルメス、プラダなどの高級ブランドバッグのレンタルを行っている「ORB（オーブ）」を紹介します。

◎顧客価値提案

　1個数十万円するバッグを買うゆとりは無いけど、たまにはちょっとしたぜいたくを楽しみたい。そう考える女性たちの心をとらえ利用者を増やしているのが、このネットを利用したブランドバッグのレンタルサービスです。レンタルなら、予算の問題だけでなくスペースの問題も解決します。特にバッグはかさばる上に、積み重ねたり壁に掛けたりすると型くずれするケースもあります。管理が難しいのです。

　時代は不況で節約を迫られています。しかし、こんな不況の中でも、おしゃれを楽しみたいのが女性です。毎回同じバッグでなくTPOに合わせたバッグを持ちたい、とっかえひっかえで新作を持ちたい、気になるバッグをちょっと試したい、という女性もいます。このような女性をターゲットとしたのがORBです。ですから、顧客価値のWhoは『所有（購入）しなくてもいいから常に好きなモノを身につけたい女性』となります。

　そのような女性たちにORBは、高級ブランド品をレンタルできるというサービス（顧客価値のWhat）を提供します。レンタ

ルの方法は、サイト上で会員登録を行なった後、希望の商品を選び、クレジットカードで決済すると、宅配便でバッグが届くというものです。1週間からの短期でレンタルができ、自分の好きなバッグを継続的に利用し、飽きた時には次のバッグへと借り換えることもできます。

　顧客価値のHowについては、バッグを購入したときと比較しながら考察します。購入時とレンタル時の活動チェーンは次のようになります。

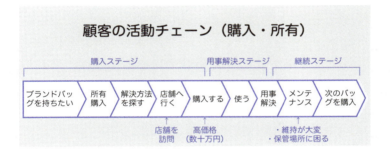

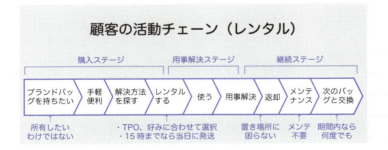

　高級ブランドバッグを購入するとなると何十万円という金額がかかります。また、バッグ自体は自分のものにはなりますが、

使えるバッグは1種類のみです。それに対してORBでは、バッグブランドのグレードによって定額制の価格設定が成されていて、これに送料実費を支払えば月1万円程度でレンタルすることができ、しかも期間内であれば何度でもバッグの交換が可能です。

　そのため、普段使い用、パーティ用、旅行用などTPOにあわせてバッグを持つことができます。また普段なかなか自分では手が出なかった、憧れの高級ブランドバッグを使う事が出来ますし、一度しか使わないであろう、パーティバッグなども、気軽に借りることが可能になるのです。また、高級ブランドバッグは、買ってしまったらその後の保管や維持が大変です。その点このビジネスは、いつも消費者に欲しい物だけを借りさせて、メンテナンスはこちらで持つと言うスタイルですし、使用後は返却するので置き場所に困りません。

◎利益設計

　次は利益設計についてです。レンタルは1週間コースと1か月コースがありますが、売り上げの9割を占めているのが1か月コースの料金で、会員の7割が継続してサービスを利用しています。つまり1か月コースを利用する人、言い換えれば、普段使い用などのバッグをレンタルする人（利益のWho）からレンタル料（利益のWhat）で儲けることになります。

　バッグを販売せずにレンタル用にするということは、バッグの所有権は移転せず、会社の在庫になり、会社は管理するための倉庫を持たなければなりません。しかし裏を返せば、倉庫とインターネットのサイトがあれば、店舗は不要で、必要なのはほぼ商品の購入代ということになります。しかも商品は販売用

ではなくレンタル用なので、メンテナンスをすれば中古品を提供することができるのです。ただし、はじめのうちから考えると、選ぶ楽しみが無くならないよう品数を揃えなければならなく、投資金額を回収するまで1年弱かかることから、利益のHowは（時間差）となります。

　つまり、このビジネスは、レンタルバッグの販売ビジネスと違って、マージンをあまり多くとらない、「薄く・長く」儲けていくビジネスなのです。

【川上より】
　そもそもの価値提案は同じ「女性を美しく着飾らせる」。なのに、儲け方を変えるだけで、最終的に価値提案まで変わってしまい、全く違うビジネスになるという面白い事例です。これこそ、既存ビジネスの変革に有効な考え方です。

　レポートとしては、それぞれの顧客層の活動チェーンをしっかり考察した点がとてもよいですね。既存の顧客の活動チェーンと、新たなビジネスのそれとを比較するのは非常に有効な方法です。

ゼミ生によるケーススタディ

イオンスマホの3つの利益

田岡 優菜

　イオン株式会社は2014年4月4日、端末代金込みで月額2980円の「イオンのスマートフォン」の販売を開始しました。第一弾として用意された8,000台は約1カ月で完売と売れ行きは好調で、2014年10月現在、第3弾まで販売されています。

　スマートフォンといえばauやdocomo、softbankといった大手携帯電話3社のイメージが強く根付いている中、イオン株式会社はどのようにスマートフォン市場に入り込むことができたのでしょう。9セルメソッドを使って考えていきます。

◎顧客価値提案

　顧客価値のWhoは、スマートフォンが普及してきた中、「スマホを持ちたい」けれど、「利用料金が高い」、「機能が多く使いこなせるか不安」、「2年縛りの契約だからよく考えて選ばなければならず、面倒」という片づけるべき用事を持った、「スマホを持ちたいけれど、料金の高さや契約の面倒さで持つことに躊躇している中年以上の消費者」であると考えられます。

　顧客価値のWhatとして、上記のような片づけるべき用事を持った顧客に解決策としてイオン株式会社が提示したのが、スマホ端末と格安SIMカードをセット販売し、通信料と端末本体の代金込で月額2980円という「格安スマートフォンサービス」です。

顧客価値のHowとして、イオン株式会社は次のように価値を提案しました。イオン株式会社と大手携帯会社のau、docomo、softbankの料金プランを比較してみると、通信規格や通信速度では大手携帯会社に劣りますが、料金は大手携帯会社の半額以下であることや、解約金が無料（通信料のみ。端末代は負担）であることから、大手携帯会社3社と比べ、購入時のハードルを下げることができます。

　まとめると「大手携帯電話会社の半額以下の料金で、メールや電話、LINEの利用が可能になり、スマートフォンや携帯電話のライトユーザーにとって手の出しやすい価格、契約内容」となります。

　低価格でサービスを提供できる理由は3つあります。

　1つめは、提供しているのがSIMフリーの本体端末であるという点です。NTTドコモから回線を借りる際に支払うパケット接続料や音声接続料は毎年値下げされており、MVNO（仮想移動体通信事業者）は数年前と比べはるかに低い価格でサービスを展開できるようになりました。

　2つめは、本体端末に最新機種ではなく、少し古い「型落ち」の機種を使用しているという点です。型落ちの機種を仲介業者から一括納入し、本体代金を安く提示しています。

　3つめは、通信規格や通信速度が制限されている点です。大手携帯会社3社はLTE回線で通信速度も毎秒75〜150メガビットと速く、繋がりやすくなっていますが、イオンのスマートフォンは3G回線で通信速度は毎秒200キロビット。ヘビーユーザーには少々不便ですが、ガラケーとはそれほど変わりませんし、メールやLINE、ウェブサイトの閲覧には問題ありません。

　このように、大手携帯会社3社が今まで高めてきた機能やサー

ビスをあえて低くすることで「スマホ業界のLCC」となり、料金を安く設定することができたのです。

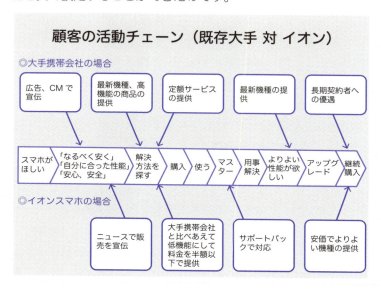

◎利益設計

次に、利益設計について考えます。利益設計は3パターンあります。1つめは、利用者（Who）から、端末本体代（What）を、時間差（How）で商品対価を得るというパターンです。端末は一括支払いもできるので、同時に利益を得る場合もありますが、ほとんどは時間差で利益を得ると考えていいと思います。2つめは、利用者（Who）から、通信料（What）を、時間差（How）で得るという定額制（サブスクリプション）のパターンです。3つめは、利用者（Who）から、安心パック契約料（What）を、時間差（How）で利益を得る定額制（サブスクリプション）のパ

ターンです。以上の3パターンから、基本的にイオンのスマートフォンは、時間差型の利益パターンだと考えられます。

◎プロセス構築

プロセスのHowについては、まず、顧客の活動チェーンに対する大手携帯会社3社の手順は、図の上側のようになると考えました。競争が激化する中、新製品の多い中・高スペックのスマートフォンばかりが商品として並び、長期契約者への優遇がないがしろにされる、解約金がかかるなど、不満の声が多く上がっていました。

イオンのスマートフォンは、このような不満の声に対応しながら、図の下側のような手順で販売を行うことで、今まで大手携帯会社3社が取りこぼしていた顧客を獲得できたのではないかと考えられます。

VRIO分析の結果、イオン株式会社の強みは、ブランド力、店舗数、規模の大きさだと考えられます。イオンは地域密着型の経営を行っており、イオンブランドが根強くしみついているイオンの顧客層と、今まで大手携帯会社3社が取りこぼしていた顧客層が一致したことが、スマートフォンのヒットの一因だと考えます。

イオンは、スマートフォンを販売するにあたって、格安SIMカードを販売している日本通信株式会社に通信サービスを委託し、プロセスを補完しています。

今までの説明を9セルにまとめると、次ページの図のようになります。

イオンスマホの9セル

	Who	What	How
顧客価値	スマホを持ちたいけれど、料金の高さや契約の面倒さで持つ事に躊躇している中年以上の消費者	格安スマートフォン	大手携帯電話会社3社の半額以下の料金 ライトユーザー向けスマホのLCC
利益	利用者	端末本体代	時間差（同時）
	利用者	通信料	時間差
	利用者	安心パック料金	時間差
プロセス	日本通信株式会社 BIGLOBE	ブランド力 店舗数 規模の大きさ	今までの顧客の声に対応し、あえて低機能の商品を販売することで、今まで大手携帯会社がとりこぼしていた顧客を獲得

【川上より】

　話題になった格安スマホが、どうやって実現されているのか。ニュースにも流れてくるこうした情報を、当たり前のものとして受け流さずに、疑問をもつことのできるアンテナが大切です。あまり得意ではなかったはずの情報業の整理もして、苦労してまとめあげたケースです。

　今は、ほかの業界のことも調べればわかるので、興味を持った新製品や企業について自分で整理してみれば、ご自身のビジネスモデル力がグンとあがりますよ。

5章
プロセス構築

プロセス構築

プロセス構築の3大要素

21

顧客価値を実現するプロセスを練り上げる

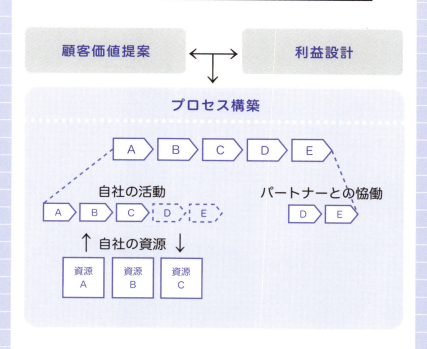

- どんな手順でやるか？
- 自分たちの「強み」は何か？
- だれと組むか？

　顧客価値提案と利益設計というビジネスのタネだしが終わったら、最後にそれが実行可能かを確認します。プロセスを構築する際の3大要素についてみていくことにしましょう。

どんな手順で顧客価値と利益を実現するか？

　画に描いた餅にならないようにするには「必要な準備」や「この順番でやればうまくいく」という手順が大事です。お客さんに価値を届けるまでには、やるべきことがいっぱいあり、それをリレーさせていかなければなりません。このことを「バリューチェーン」と呼びます。

活動の中で発揮できる強みは何か？

　お客さんに価値のある解決策を届けるまでのさまざまな活動（バトンのリレー）には、自分たちが得意な場面が必ずあるはずです。なかでも、自分たちが持っている「ほかではマネしづらい得意部分」をしっかり理解しておくことが重要です。

活動の不足を補ってくれるのは誰か？

　自分たちの「得意＝強み」をしっかり理解し、自分たちがリレーのどこを担当するかを決めたら、それ以外のやるべきことを任せるパートナーも決めましょう。

強みを認識する

自分の強み・弱みを把握する VRIO

あなた（の会社）の長所は何ですか？
「　　　　　　　　　　」

それは……　　　　　　　　　　　　　◎か×を記入

お客さんに価値（Value）がありますか？	↓
稀少（Rarity）なものですか？	
マネるのは難しいか（Inimitability）？	
組織（Organization）的に活用しているか？	

- 自社の強みと弱みを知ろう
- 分析にはＶＲＩＯが便利
- 弱みを強みに変える工夫も大事

　得意なことと苦手なこと、これは誰にでもあるものです。得意なことなら、アイデアもいっぱい出てくるし、あっという間に片づけることもできる。じつはこれは、ビジネスでも同じです。

強みを知る方法

　自分たちの「強み、弱み」を客観的に分析するのは案外難しいものです。そこで、判断基準であるＶＲＩＯ（ブリオ）を紹介しましょう。左ページの図にある4つの質問に答えることで、自社の強みをあぶりだせます。

弱みは強みにかえられる

　分析の結果、もし、強みがないと判断されたらどうすればよいのでしょうか。

　答えから言うならば、今一度、顧客価値提案にさかのぼってみます。そして、顧客価値提案に最適化する形でもう一度リソースを定義してみます。リソースについた×を、顧客価値提案との関係で、いかに「○」に変えていくのかがポイントです。

　つまり、手持ちのリソースのよい面を引き出して、それが最適化されるように、顧客価値提案を修正してみるのです。それによって、自社の特性を生かしたビジネス展開が図れます。それが実現できれば、今よりももっと、活動のデザインが精緻になります。

プロセス構築

パートナーの重要性と選び方

パートナー選びの条件

①サイズ（規模）があうこと

良好な関係を保ちながらプロセスを実現するには、サイズ（規模）があう相手と組むことが必要です。相手が大きすぎると、プロセス全体を支配されることも。顧客価値提案や課金方法、さらにはプロセス全体といったビジネスモデルそのものをかすめ取られる可能性もあります。（不幸なことに、ビジネスモデルの複製を止める法律的な手立てはありません。とくに、大手や海外の会社と組むときには、最大の懸案事項です）

②顧客価値提案を共有していること

モジュラー化をして、部分最適で活動をくみたてていくことは大手の会社が得意とすることです。しかし、チャレンジャーには、価値観を共有し、相手と良好な関係を保ちながら、最終的に世の中に価値を提供していくことが求められます。つまり、経済の理屈ではなく、「想い」の共有でもあるのです。

いいパートナーと組むことで顧客価値が高まります。規模と価値観の合う相手を探そう

　自社の強みではない部分、自分では追いつかないと思った活動は、外部の誰かにたのみます。

　すべての活動を自社の所有する経営資源で実現することはまず不可能です。とくに、チャレンジャーである中小規模の会社になると、そんなことは望むべくもありません。

　そこで、こうした活動を頼める相手を探し、パートナーシップを組む必要が出てきます。

誰かと組む＝積極的な施策

　「誰かと組む」「外部の力を借りる」と聞くと、消極的な響きと受け止める方もいますが、そんなことはありません。最終的な目的は、顧客価値を高めることにあるのですから、自社よりも上手くやってくれる相手に担当してもらった方が、当然、目的を達成しやすくなるのです。「任せなくていけない」とも言ってもいいでしょう。

　逆に言うと、顧客価値が高まるようなパートナーを探さなくてはいけない、ということなので、もちろん、そう簡単なことではありません。

　さらに条件を課すとするならば、図にまとめたように、①規模があっていること、そして②価値提案を共有していることの2つをクリアする必要があります。

SEVEN CAFÉのプロセスを探る

藤本 かのん

　2013年の大ヒットとなった、セブン-イレブンの「SEVEN CAFÉ」。セブン-イレブン・ジャパンがコーヒー市場に参入したきっかけは、国内のコーヒー市場の大きさへの気づきからです。日本人はほとんど毎日コーヒーを飲んでいること、そしてコーヒーチェーンでコーヒーをテイクアウトするお客さまが4割もいること。これらの気づきから、差別化された商品を出せばコンビニでも必ずシェアがとれるという確信を持ち、セブン-イレブンはコーヒー市場へと参入しました。

◎顧客価値提案

　まず、セブン-イレブンは、数多いコンビニ利用客の中でも、短時間でリフレッシュをしたい、でもあまりお金はかけたくない、信頼性（ブランド）も欲しいといったような用事をもつ、「ちょっとした時間、お金でリフレッシュをしたい人」を対象としました。9セルでいう顧客価値のWhoにあてはまります。

　そしてこのような用事をもつ人たちにセルフサービス式のレギュラーコーヒー「SEVEN CAFÉ」を提供しています。これが顧客価値のWhatです。

　では、SEVEN CAFÉはなぜそんなに支持されているのでしょう。そのワケはこのSEVEN CAFÉが豆、焙煎方法、抽出時間、軟水フィルターの設置、デザインといった5つのこだわりをも

つ、本格的味わいコーヒーであるからです。豆へのこだわりでは、スターバックスと同じアラビカ種という最高品質の豆を4種類も使用しています。焙煎方法では、香りとコクを出すためにダブル焙煎を行っています。抽出時間は45秒という速さで、朝忙しい人にも対応できているのが強みです。コーヒーの味は水によって変わるため、全国どこでもおいしい状態で飲めるようにコーヒーマシンに軟水フィルターを設置しています。街で持っていてもオシャレに見える容器とロゴにもこだわっています。

　セブン-イレブンはこれら5つのこだわりで本格的味わいコーヒーを提供しているのです。そして、このこだわり抜かれた本格的味わいコーヒーの価格は1杯100円。代替ソリューションであるスターバックスやGODIVAのチョコレート、ハーゲンダッツのアイスとの違いは明らかです。これが顧客価値のHowにあてはまります。

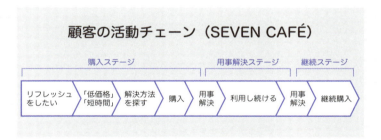

◎利益設計

　しかし、100円でコーヒーを売るセブン-イレブンは果たして儲かるのでしょうか？　セブン-イレブンはSEVEN CAFÉ利用者からコーヒー代だけを儲けているのでしょうか？

　実は、SEVEN CAFÉを購入するお客さまは、コーヒーと一緒

に食べるサンドイッチ、焼き菓子、スイーツなどを同時に購入する場合がほとんどです。セブン-イレブンは、SEVEN CAFÉと一緒にほかの商品も購入するお客さまから、コーヒーよりも価格の高いほかの商品で、同時に、儲けているのです。

◎プロセス構築

では、セブン-イレブンはどのような手順でSEVEN CAFÉの提供を行っているのでしょうか。まず、CMや店頭で広告宣伝をし、SEVEN CAFÉを告知します。そして本格的な味わいのコーヒーを1杯100円でお客さまに提供。店舗展開ではドミナント戦略をとっているため、口コミの力でさらにSEVEN CAFÉを広めます。そして、他の商品を同時購入するお客さまを増やします。このような一連の活動が、プロセスのHowになります。

これらの活動が可能なのはセブン-イレブンが大きな強みを持っているからです。これがプロセスのWhatです。VRIO分析の結果、強みは4つあげられました。1つめは全国17,000店という圧倒的な店舗数。2つめはnanacoカードによる顧客データ。S&Iホールディングス全体の顧客データを保持しているので大きな強みです。3つめは販売力。顧客データを徹底的に分析して商品管理を行い、また、OFCという店舗経営を全面的にサポートする社員が店頭での発注から販売を強化しています。4つめは信頼度です。品揃えの豊富さと品質管理を基本原則として貫いてきたため信頼度が高く、これも大きな強みです。

しかし、これらの強みだけでは、SEVEN CAFÉはお客さまに提供できません。セブン-イレブン単体には、自社で全て受け持つノウハウはないのです。これが9セルのプロセスWhoにあてはまります。豆の調達は三井物産が、焙煎は味の素ゼネラルフー

ヅ（AGF）とUCC上島珈琲がエリアを分けて担当しています。コーヒーマシンは富士電機が担当。紙コップ容器のデザインはクリエイティブディレクターの佐藤可士和氏、紙コップは西罐興業が担当しています。

　なぜ、このような大企業、大人物がセブン-イレブンと組んでくれるのでしょう。それはセブン-イレブンが圧倒的な店舗数と顧客データ、販売力、信頼度をもっており、「セブン-イレブンならかならず売れる」という確信が広まっているからです。これも、強みがうまく活かせているポイントです。

SEVEN CAFÉ の9セル

	Who	What	How
顧客価値	ちょっとした時間、お金でリフレッシュしたい人	セルフサービス方式のレギュラーコーヒー「SEVEN CAFÉ」	1杯100円でこだわり抜いた本格的味わいコーヒーが飲める
利益	SEVEN CAFÉ と一緒にほかの商品を買う人	ほかの商品	同時
プロセス	・三井物産 ・味の素ゼネラルフーヅ（AGF） ・UCC上島珈琲 ・佐藤可士和氏 ・西罐興産	・店舗数 ・顧客データ ・販売力 ・信頼度	SEVEN CAFÉ をきっかけにちょっとしたリフレッシュを届けるまでのフロー

【川上より】

　新しい商品を調べるのは容易ではありませんが、企業へのヒアリングによってそれが可能になりました。とくに、プロセスは内部情報が多いので、ここまでできれば大したものです。

「英単語ターゲット」シリーズの強さのひみつ

藤本 かのん

　旺文社が徹底的に受験生の立場となって考え抜いた「英単語ターゲット」シリーズ。これを9セルで分析すると、このプロジェクトの強みが見えてきました。

◎顧客価値提案

　受験生には、「英単語を覚えないといけない、でも毎日やるのがしんどいし続かない」、「英単語は短時間で勉強したい」または、「自分がどの程度英単語を覚えられているのか確認したい」などの用事があります。旺文社はそのような「効率的、効果的に学習、そしてモチベーションを維持したい学生」に対して「書籍+αのサービス」を提供しています。

　書籍のサービスとしては、有名な「英単語ターゲット1900」のほかにも「英単語ターゲット1400」などがあります。

　受験のマストアイテムである「英単語ターゲット」シリーズは、大学入試での出題頻度の高い順（でる順）に英単語が並んでいることや、一語一義主義を取り入れていることで、忙しい受験生でもスキマ時間を使って効率的に英単語を覚えることができるように工夫されています。

　そして、+αのサービスとして英単語ターゲットの無料応援アプリ「ターゲットの友」を提供しています。「ターゲットの友」では全国ターゲット選手権という、自分の英単語力をライバル

と競える場が設けられています。今までは学校などで友達同士、英単語の問題を出し合っていた受験生を、旺文社がサポートしてあげたいと思ったのがきっかけです。

　いつでもどこでも一人でも、自分の英単語力を試せる機会を、アプリを通して受験生に提供しているのです。また、マイデータ機能により、自分を含めたその他ライバルの苦手な単語などもランキング形式でわかるようになっています。

　旺文社はこれらの機能をもつ+αのサービスを提供することで、受験生が常に自分のライバルを意識し、学習のモチベーションを維持できるようにしてくれているのです。そしてこのアプリ「ターゲットの友」を、アフターフォローを担うサービスとして無料で受験生に提供することで代替案との違いをだしているといえます。これが顧客価値のHowにあてはまります。

◎利益設計

　では、旺文社は英単語ターゲットでどのような利益を得ているのでしょうか。現在、アプリ「ターゲットの友」は無料であり、アプリ内課金も行われていないので、「ターゲットの友」からの利益はありません。旺文社は、「受験生」から、「英単語ターゲット1900」やそのほかの書籍、で儲けているのです。

　では、儲けるタイミングはどうなっているのでしょうか。これは、2パターンあるようです。まず1つめとして、英単語ターゲットを購入してから、無料アプリ「ターゲットの友」をダウンロードするパターン。この場合は書籍を購入する時に旺文社に利益が入るので、儲けるタイミングは同時となります。

　他方、2つめとして、無料アプリ「ターゲットの友」をまずダウンロードしてから、それをきっかけに本を購入するパターン

もあるようです。無料サービスから始まり、有料サービスの購入に至っているので、こちらのパターンの儲け方は時間差となります。これらが利益のHowにあてはまります。

◎プロセス構築

　では、旺文社はこの書籍+αのサービスの提供をどのような手順で実現しているのでしょうか。まず、コンテンツを考え、商品化された「英単語ターゲット」シリーズや「ターゲットの友」を、学習参考書などの書籍やチラシで宣伝し、インターネットでも宣伝を行います。そして「英単語ターゲット」シリーズの帯で「ターゲットの友」を宣伝するだけでなく、業界紙や一般紙へのプレスリリースも行っています。

　つまり、書籍+αの、充実したアフターフォローを用意し、そのことを受験生に知らせ、届けるまでの活動を行っているのです。これが9セルのプロセスHowにあてはまります。

　では、この活動を行う上で旺文社はどんな経営資源を活かしているのでしょうか。VRIO分析を行った結果、英語力と営業力、そして情報分析力があることがわかります。

　旺文社が英語に関して数多くのロングセラー商品を出していることは、お客さまにとっても価値があり、稀少で模倣困難、うまく使えている証拠だと思います。

　営業力も、書店に対して、そして学校に対してもあるとのことで、どちらに対しても営業力があるのは強みであると考えました。

　また、情報分析力ですが、「英単語ターゲット」シリーズが、でる順、一語一義主義のコンテンツを提供できているのは、「全国大学入試問題正解」という各大学の入試問題をデータベース

化したものから出題頻度の高い単語を分析しているため。つまり、非常に高い情報分析力を有していると思います。これがなければ効率的な英単語学習を届けることは不可能なので、大きな強みであると考えました。
　これら３つの強みがプロセスのWhatにあてはまります。
　しかし、これらの強みを活かすだけでは、旺文社は書籍+αのサービスを届けることはできません。「英単語ターゲット」シリーズを完成させるには、たくさんのパートナーとの関わりが必要なのです。まず、コンテンツには、著者である宮川幸久先生、宇佐美光昭先生のほか、旺文社のターゲット編集部など多くの人が関わっています。そして、編集プロダクションの日本アイアールが内容の確認を行っています。また、録音スタジオである巧芸創作がＣＤ教材の音声録音を行い、実際に本を印刷してくれているのが岩岡印刷と大日本印刷です。
　また、+αサービスとしてのアプリ「ターゲットの友」に関しては、開発をOpen DNAが担っており、さらに大学受験パスナビの制作・運営などを通して旺文社と直接契約をしている日之出印刷も携わっています。これらが９セルのプロセスのWhoにあてはまるのです。
　無料アプリである「ターゲットの友」からアプリ内課金をし、さらに良いサービスを受験生に提供しようという試みもあるそうです。

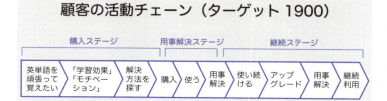

学生向けの9セル

	Who	What	How
顧客価値	効率的・効果的に学習したい、モチベーションを維持したい受験生	書籍+αのサービス	無料で充実したアフターフォロー
利益	受験生	英単語ターゲットシリーズ	・同時 ・時間差
プロセス	・宮川幸久先生 ・日本アイアール ・巧芸創作 ・岩岡印刷 ・大日本印刷 ・日之出印刷 ・OpenDNA	・英語力 ・営業力 ・情報分析力	書籍+αのサービスを用意し、充実したアフターフォローを届けるまでの活動

◎学校向けには別の9セルが

しかし、旺文社が提供しているのは学生向け商品だけではありませんでした。実は、書籍+αのサービスを、学校の英語の先生に向けても提供しているのです。

◎顧客価値提案

　受験生だけでなく英語を教える先生の側にも、「単語テストなど、テスト問題の作成に手間がかかる」「やることが多く、時間もない」「生徒の学力の定着具合いを確認しておきたい」といったような片づけるべき用事があることに、旺文社は気づいていました。そこで旺文社は「問題作成に悩む学校の先生」にも、書籍+αのサービスを提供しています。

　具体的には、問題作成のためのCD-ROM。これは、「英単語ターゲット」シリーズや「スクランブル英文法・語法」シリーズのテスト問題が簡単に作れるというものです。これらが顧客価値のWhoとWhatにあてはまります。

　問題作成に役立つCD-ROMを無料で提供することで、書籍を購入しやすくさせています。これが顧客価値のHowです。

◎利益設計

　CD-ROMは無料のサービス品なので、これからは儲けていませんが、「旺文社の英単語ターゲットシリーズやスクランブルシリーズを採用いただけると、このようなCD-ROMを無料でおつけします」というトークで、営業ができるそうです。

　CD-ROMでは儲けず、学校から、問題作成CD-ROMが対応する教材で同時に利益を得ているといえます。

◎プロセス構築

　旺文社は、書籍+αのサービスを提供することで、学校の先生にも充実したアフターフォローを用意し、届けるまでの活動を行っています。これがプロセスのHowにあてはまります。こ

の活動に先ほどと同じく旺文社の強みである英語力、営業力、情報分析力が活かされています。

　では、この問題作成CD-ROM、旺文社が独自で作っているのでしょうか？　やはり、ここも他社との関わりがありました。旺文社のコンテンツをもとにシステムを作成しているのはイースト株式会社。単語や例文をもとに、赤字の部分を空欄にしたり、並び替え問題を作成するなど、あらゆる条件に合わせた問題を簡単に作成できる仕組みを作ってくれているそうです。

学校（教員）向けの9セル

	Who	What	How
顧客価値	問題作成に悩む英語の先生	書籍＋αのサービス	無料で充実したアフターフォロー
利益	学校	「英単語ターゲット」「スクランブル英文法・語法」	同時
プロセス	イースト株式会社	・英語力 ・営業力 ・情報分析力	書籍＋αのサービスを用意し、充実したアフターフォローを届けるまでの活動

【川上より】
　ゼミ生たちが高校生の時にお世話になった参考書が、実は学生だけではなく、学校の先生へのインターフェイスの良さで受けていたという事例。細かい協力者（プロセスのWho）が見えてくるのは、熱意のこもったヒアリングのたまものです。

6章

ゼミ生による
ケーススタディ

ゼミ生によるケーススタディ

センスをつけてみる

24

分析のポイント

①会社の選定

なんでもかまいません。自分が知りたいと思う会社、自社の参考になりそうな会社を選んでください。有名な会社、株式を公開している企業の方が、調べやすいかもしれません。

②情報収集

イメージや思い込みで書いても意味はありませんので、情報収集が大切です。本格的な調査では、訪問してのインタビューや、実際のユーザーへの聞き取りなどを行いますが、企業のウェブサイトや雑誌記事などからでも、かなりの情報は得られます。

③描いてみる

本書、とくに3章〜5章の内容を参考に、9セルを埋めてみてください。はじめから上手く作るのは難しいので、まずは気軽にトライしみてることが、上達への第一歩です。

他社の分析を通じて、ビジネスモデル立案のプロセスを体感してみよう

これまでの章で、ビジネスモデルの意義や記法、3つの要素である顧客価値提案、利益設計、プロセス構築について紹介してきました。

次のステップは、あなた自身が新たなビジネスを作ること、今の事業を再創造することですが、その前に、ぜひ一度、他社のビジネスモデルを分析してみることをお勧めします。

2章から5章で解説した内容を参考に、とくに、
- 9セル
- 顧客の活動チェーン

これらの2つを使いながら、他社のビジネスモデルを分析してみてください。分析というと難しく聞こえますが、本書に掲載しているゼミ生たちのレポートを参考にしながら、9セルをうめてみればいい、という話です。

ビジネスモデル思考の訓練に

目的は、他社の成功事例を知ることではなくて、考え方の筋道を体験すること。説明を頭では理解したつもりでも、いざ、ビジネスモデルを描いてみようと思うと、スラスラと手が動く方は少ないものです。自分が気になる会社、話題のビジネスモデルについて自分で調べながら具体的に描いてみることで、説明を読むだけでは得られなかった、大きな気づきがあるはずですよ。

ゼミ生によるケーススタディ

タニタ食堂の9セル

堀 洋子

　タニタは、主力製品である体脂肪計をはじめとするタニタの商品・サービスで「はかる」ことを通して顧客の健康をサポートすることを目指しています。そんなタニタが身近な存在になった大きな要因の一つであるタニタ食堂を分析します。

◎顧客価値提案

　肥満による脳卒中や心筋梗塞が原因で亡くなる方が多いことから「肥満≠健康」のイメージが定着するなど、人々の健康への意識は高まっています。それらの人々の用事を考えると、①ダイエットをしたい（健康になりたい）、②簡単に、③信頼できる、④低価格で、となります。つまりターゲットは「簡単にダイエットをしたい（健康になりたい）人」です。

　では、用事を解決するのはどのような商品・サービスなのでしょうか。ダイエットに必要な要素の一つに「食事」が挙げられます。一方、タニタには「健康」のイメージが定着しています。その「食事」と「健康」を掛け合わせたものがタニタ食堂です。ここでは、健康的な食事が食べられるだけでなく、希望者は無料で栄養士からカウンセリングを受けることもできます。タニタ食堂は、健康への意識を高めるきっかけでもあるのです。

　タニタ食堂の代替案としては、代替商品の「一般的なヘルシーランチ」と代替ソリューションの「レシピを買って自分で食事を

作ること」があげられます。税込830円のタニタ食堂の日替わりメニューは代替商品の8割から同程度。代替ソリューションでは、例えばレシピ本『タニタの社員食堂』は価格税込1,234円。料理の手間が省けるなどの付加価値が加わるので、単純な価格比較は難しいですが、十分価値のある提案だ思います。

◎ 利益設計

タニタ食堂の儲け方は2種類あると考えられます。

1つめは「タニタ製品のエンドユーザーから、タニタ製品・サービスで、時間差で儲ける」という儲け方です。タニタ食堂を利用したり、カウンセリングを受けたりすることでタニタを信頼した顧客が、その後タニタ製品を購入するなどして、タニタ食堂以外の接点でタニタのお世話になるというパターンです。

2つめは、「企業とのコラボレーション商品のライセンス料を」「企業から」「同時に儲ける」という儲け方です。食べ物から調理器具、旅行まで様々なジャンルの商品やサービスを提供する企業と手を組むことで、顧客とタニタの接点が増え、タニタを知ってもらう機会が増えると同時に、タニタが掲げる「日本を健康にしたい」という目標も実現しやすくなります。

◎ プロセス構築

まず、食堂を利用する前の段階で、タニタ食堂のレシピ本、映画、コラボレーション商品などでタニタ食堂と顧客の接点を出来るだけ多く作り、興味を持ってもらいます。その後、タニタ食堂を利用した際に食事をとる・カウンセリングサービスを受けることでタニタの健康に対するサポートの手厚さを実感してもらいます。そして再び食堂を利用したり、あるいはタニタの

製品やサービスを利用するタニタのエンドユーザーが生まれ、顧客価値提案や利益設計を実現することができます。

　それではそのプロセスの中でタニタ食堂はどのような強みを発揮することが出来るのでしょうか。タニタ食堂の強みは①ブランド力、②蓄積されたデータ、③「はかる」技術、④手厚い接客であると考えました。VRIO分析の結果、ブランド力・蓄積されたデータ・「はかる」技術はそれぞれがタニタ食堂の大きな強みだと考えられます。が、手厚い接客はどこにでもあるものですし、真似をすることも簡単です。なので、強みではなく弱みであると考えました。

　しかし、「手厚い接客」に、強みである「はかる」技術を掛け合わせると「カウンセリングサービス」という強みに変わります。前述のとおり、タニタ食堂では、健康に対するカウンセリングを栄養士から無料で受けることができます。「はかる」技術を生かした体脂肪計をはじめとする測定器を利用した体組成の測定を行い、結果を一枚の用紙にまとめて渡すサービスとして、手厚い接客が生きてくるのです。

　タニタ食堂は「健康」のプロフェッショナルであり、「はかる」技術をはじめとする多くの強みを持っていますが、それだけではタニタ食堂は成り立ちません。足りないもの、それは食事提供の環境を作るノウハウです。そのために2つの側面で2つの企業にお世話になっています。1つめは、食堂のプランニングや店舗デザインなどのレストラン運営のノウハウを、株式会社きちりにサポートしてもらっていることです。2つ目は、既存の病院内のレストランを利用して設備投資を抑えつつタニタ食堂のメニューを提供する環境を、ROYALホールディングス株式会社に整えてもらっていることです。食堂を運営する環境づくりの

ほとんどを他社に任せ、タニタは得意分野である「健康」のサポートを提供しています。

顧客の活動チェーン（タニタ食堂）

購入ステージ：ダイエットをしたい（健康になりたい）→ 食を通して健康になる → 健康になる食事 → 健康に対するサポートが手厚い食堂

用事解決ステージ：利用 → 用事解決

継続ステージ：通いたい → 継続利用

タニタ食堂の9セル

	Who	What	How
顧客価値	簡単にダイエットをしたい、健康になりたい人	バランスのとれた食事	代替案よりも安く、手軽にダイエットができる、健康になれる
利益	エンドユーザー	タニタ製品・サービス	時間差
	他社	ライセンス料	同時
プロセス	・株式会社きちり ・ロイヤルホールディングス株式会社	・ブランド力 ・データ ・カウンセリングサービス	健康な食事を提供し、TANITAのエンドユーザーになるまでの活動

【川上より】

　食事と健康管理の単なる組み合わせで終わらず、その先に何があるのかをビジネスモデルとして整理しています。価値提案自体は目新しくないように見えても、利益設計で奥行きを感じる、興味深い事例です。

メガネのユニクロ「JINS」の9セル

丸山 晴香

　ブルーライトをカットするJINS PCで一躍有名になり、視力がいい人にもメガネをかける習慣を提案した、メガネのJINSのビジネスモデルを分析します。

◎顧客価値提案

　JINSのメガネを支持する人の意見で多いのが、何よりも安いということ。また、さらにその安さにも関わらず、デザイン性が高いことも魅力です。メガネをファッションの一部として考える人に好まれています。つまり、顧客価値のWhoは、オシャレがしたいと思っている人。とくに、お手軽価格で、簡単に、信頼できるものでオシャレがしたいという片付けるべき用事を持っている人であると考えられます。

　JINSは、高品質・高機能メガネを「市場最低・最適価格」で提供。また、そのメガネには、自然な視界を保つ「薄型非球面レンズ」を採用しています。フレームでは「軽さ」と「掛け心地」のよさを追求しています。つまり、顧客価値のWhatは、高品質でオシャレなお手頃価格のメガネです。

　代替商品は、Zoffや眼鏡市場のメガネであると考えられます。と当時に、片づけるべき用事から考えると、同じくファッションの一部である、服や靴や帽子も代替ソリューションであると言えそうです。そこで、顧客価値のHowは「服を買うのと同じ

くらいの価格で買えるメガネ」となります。さらに、代替商品として挙げた、Zoffや眼鏡市場のメガネと比べると、価格帯、標準装備（薄型非球面レンズ）、店舗の立地の3点を見ると、JINSのメガネが片づけるべき用事を最も満たしていると考えました。

◎利益設計

JINSのメガネのファンになっている人のパターンを考えると、多くみられるパターンが、1人で複数のメガネを購入する人です。1回目の購入時は、JINS PCや機能性メガネ、コラボ商品を購入しており、2回目以降の購入では自社ブランド商品を選択しています。これを利益設計のWho - What - Howで言うと、「JINSのメガネを継続的に購入する人から」「自社ブランド商品で」「2回目以降の購入で」儲けている、と考えられます。

◎プロセス構築

JINSの経営資源と考えられる、企画力、SPA、接客マニュアル、納品時間の早さ、値段のわかりやすさ、店舗の立地をVRIO分析にかけたところ、単独の項目として強みと言えるのは企画力のみ、という結果でした。

しかし、強みにならなかった経営資源（接客マニュアル、値段のわかりやすさ、納品時間の早さ、店舗の立地）を組み合わせて考えると、「受け渡しまでの時間を効率的に、楽しく使ってもらえる立地」という強みも導かれました。

JINSが弱みとする部分を補完するために、誰を引き込んでいるのかを見てみると、アパレルのearth music & ecologyやnico and …やrelume、雑誌のDRESSなどのファッションブランドとコラボすることで、ファッションアイテムとしてのイメージを

定着させています。また、ONE PIECEや進撃の巨人などの、ファンベースのしっかりしたコンテンツとコラボすることで、ブランドの補完をしていると考えられます。

さらに、雑貨業界からアイウエア事業に参入したJINSはメガネや目に関する知識が乏しく、信頼性に欠けてしまうため、医療機関や研究機関と協力し、知識や技術を補完することで、信頼性の向上を図っています。

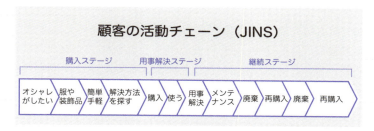

顧客の活動チェーン（JINS）

購入ステージ				用事解決ステージ			継続ステージ				
オシャレがしたい	服や装飾品	簡単手軽	解決方法を探す	購入	使う	用事解決	メンテナンス	廃棄	再購入	廃棄	再購入

JINSの9セル

	Who	What	How
顧客価値	いろんなオシャレを楽しみたい人	高品質でオシャレなお手頃価格のメガネ	・追加料金0円 ・その日に受け取れる ・洋服を買うのと同じくらいの価格
利益	継続購入する人	自社ブランド商品	時間差
プロセス	・ファッションブランド ・キャラクター ・研究機関 （病院、大学など）	・企画力 ・受け渡しまでの時間を効率的に楽しく使ってもらえる店舗	J!NSのメガネが顧客に届くまでの活動

◎新製品の開発にも注目

　2014年8月期第2四半期の決算説明資料を見ると、営業利益が－75.5％に。新商品の開発に力を入れているのではないかと思い、調べてみたところ、JINS MEME（ミーム）という新商品にたどり着きました。

　このメガネには、「疲れや集中度が見える」、「眠気が見える」、「コンディションが見える」という3つの特徴があります。つまり、メガネを着用する人の利用状況や体調などのデータを蓄積することができるしくみを、JINSは持つようになるわけです。

　自社の商品開発に活用できるのはもちろんですが、マーケティング情報の販売や自社アプリの開発、さらに、アプリの開発や流通を支えるプラットフォームとしてのビジネスなど、JINS MEMEから生まれるデータベースの強みを活かした展開には、大きな可能性がありそうです。

【川上より】
　コストリーダーシップでのモノづくりはもちろん、それを洋服と同じように「アイウェア」として提案するところが新しいです。ファッションに敏感な大学生がどんどん調べたくなるテーマです。その結果、財務諸表まで勉強し、いま何にコストをかけているのかを類推。こうしたハイテク商品に力を入れているのでは？　こんな風に将来を予測できるセンスもまた、ビジネスモデル思考を身に着けた人ならではです。

FELISSIMOの9セル

堀 洋子

　FELISSIMOは、自社企画商品を中心とした商品やサービスをカタログやウェブで販売する企業。株式会社ハイセンスとして1965年に設立されました。
　FELISSIMOの特徴は大きく分けて3つあります。1つ目は商品カテゴリーがとても多いこと。衣料品だけではなく、インテリアや本から食品まで様々なカテゴリーの商品を取り扱っています。2つ目は独自のブランドがあること。ファッションのカテゴリー内でもタイプ別に6種類のブランドがあります。3つ目は様々な企画を行うこと。消費者を巻き込む企画によって消費者との接点を増やし、注目を集めています。

◎顧客価値提案

　FELISSIMOの「自宅で手軽に買い物が楽しめて返品可能なカタログ販売・ネット販売」というサービスから、どのような人がそれを欲しがるのかを考えました。買い物をしたいという気持ちを前提として、優先事項は、①手軽さ、②デザイン、③信頼性、④低価格、⑤高品質であると考えられます。これらの用事をもった人とは、「田舎暮らしで近くに店が無いけれど手軽に買い物を楽しみたい女性」です。そしてこの顧客は自宅でゆっくりカタログやネットで買い物を楽しむことができる、時間に余裕がある人です。

さきほどのFELISSIMOの特徴のうちの1つの「様々な企画」の中に「生活雑貨大賞」という、顧客が商品企画に参加できる企画があります。実際にFELISSIMOを利用している顧客からアイデアを募集するので、商品の作り手には発想できないようなアイデアも多く、実は多くの人が求めていた「あったらいいな」と思うアイデア商品を開発することが出来ます。これまで100以上の商品が生まれており、好評です。

　このように見ていくと、カタログ販売やネット販売は「近くに店が無いという不便」を、返品可能であることは「実際に商品を手に取ることが出来ないという不確実性」を解決する、いわば「不」とれば価値を実現しているといえます。

　これらの価値を「手軽で便利な日常生活をよりしあわせにするカタログ販売・ネット販売」というかたちで、代替商品である競合他社のカタログ販売・ネット販売と同程度の価格で、代替ソリューションである「実際に買い物に出かける」ことに手間が省けるなどの付加価値を付け加えて提案しています。

◎ **利益設計**

　FELISSIMOには、「フェリシモコレクション」という、商品をセットで販売し、そのうちの1つが毎月1回届くシステムがあります。セットのうちの何が届くかは選ぶことができないので、欲しい商品が来るとは限らず困るというマイナスな意見もありますが、毎回何が届くのかわからないので、プレゼント感覚でわくわくした気持ちで待つことができるというプラスの意見もあります。最初に欲しいと思っていた商品が1回目に届かなくても、案外いいかも！と思えることもあります。

　「フェリシモコレクション」を継続して購入するということは

フェリシモの長期的な会員になるということなので、その顧客から長期的に利益をとることができます。

　つまり「フェリシモコレクション」を継続して購入する顧客から、二回目以降の注文で時間をかけて利益をとっています。

◎ プロセス構築

　顧客に価値を届けて利益を生む手順は、ダイレクトメールや書店でのカタログ販売、コラボレーションにより顧客とFELISSIMOの接点を生み、注文を受け、用事解決の後にさらに継続して購入してもらう、という流れになっています。

　それらを実現する上での強みを、①商品の製造から販売までを自社で行うSPAという販売形態、②フェリシモコレクション、③企画力、④品揃えであると考えましたが、VRIO分析にかけると、強みであるとは言えませんでした。しかし、4つの項目をかけ合わせると、SPAと企画力を掛け合わせた①自社企画商品の実現力、フェリシモコレクションと企画力を掛け合わせた②自社企画商品の提案力、企画力と品揃えを掛け合わせた③自社企画商品の品揃えという3つの強みが見えてきました。

　これら3つの強みを支える「様々な企画」は、フェリシモ会員がいるからこそ成立します。先ほど紹介した「生活雑貨大賞」をはじめとして、豊かな自然を残すために通常の買い物で1口100円の基金を一緒に申し込むことが出来る「フェリシモの森基金」、ぬいぐるみキットを販売し会員に作って送ってもらい、そのぬいぐるみを展示したのち国内外の子どもたちに寄付する「FELISSIMO HAPPY TOYS PROJECT」など、どれもフェリシモ会員が企画を支えていると言えます。FELISSIMOとフェリシモ会員が手を組むことで、強みを確立させています。

顧客の活動チェーン（フェリシモ）

購入ステージ			用事解決ステージ			継続ステージ
欲しいものが簡単に手に入らない	自宅で手軽に買い物	カタログ販売ネット販売	購入 → 使う	用事解決	他の商品も欲しい	継続購入

フェリシモの9セル

	Who	What	How
顧客価値	日常生活の不便を解決したい女性（田舎暮らしだけど買い物を楽しみたい女性）	顧客の声で生まれた「あったらいいな」を実現する商品（カタログ販売・ネット販売）	手軽で便利な日常生活をより「しあわせ」にするカタログ販売・ネット販売
利益	フェリシモコレクションを継続して購入する顧客	2回目以降の注文	時間差
プロセス	フェリシモ会員	自社企画商品の実現力・提案力・品揃え	・書店で販売するカタログ ・コラボレーション

【川上より】

単なる製品ではなく、コレクションに着眼したのが面白いです。ターゲットとして、簡単にショッピングに行けない人を想定すると、毎週「福袋」のようなものを送り続けるという発想はすごくマッチします。しかもそれを定額課金（サブスクリプション）でやれば、企業の収益も安定します。

まつ毛美容液「スカルプD」の9セル

原 由梨奈

　近年、多くのヘアケア製品が発売される中で、アンファーは代表ブランド「スカルプD」を発売して以来毎年二桁成長を続けています。また代表ブランド「スカルプD」は総商品数7000万点を誇るネット通販サイト楽天市場で楽天年間ランキング3年連続総合1位を獲得しており、現在の頭皮ケア商品を代表するブランドになりました。1987年に起業されたアンファー株式会社は、2005年に髪に悩みを持つ中年男性向けに「スカルプD」を発売してから2008年には「スカルプD レディース」を発売し、そこから女性市場の開拓にも大きく踏み込んできました。そんな中で2012年に女性用シャンプー「スカルプD ボーテ」からまつげ美容液「スカルプDボーテ ピュアフリーアイラッシュ」を発売しています。

　今回は@cosmeの2013年ベストコスメ大賞を受賞した、スカルプDボーテ ピュアフリーアイラッシュを取り上げます。

　まず、アンファーが持つ最大とも言える強みから見ていきます。アンファーの最大の強みは専門医師や医療機関で培ったアンチエイジングに関する知識です。それぞれの分野の専門ドクターと密接なリレーションを築き、専門の研究開発機関によって蓄積し83万人の臨床データは他の商品との差別性をも生み出す「専門性」でもあります。この83万人の臨床データ、24人の専門ドクターとの連携、効果の確信による自信によって多くの

アンチエイジング商品を生み出したアンファーは、頭髪と同じようにまつ毛にもヘアサイクルがあることに注目しました。そこで女性用に生み出したのが、スカルプDボーテ ピュアフリーアイラッシュでした。

◎ 顧客価値提案

今回は顧客価値提案のWhat「解決策として何を提供するのか」から考えます。この場合アンファーが提供するものは「みんなでマツ育」というコンセプトのスカルプDボーテ ピュアフリーアイラッシュが当てはまります。

では、この商品はどんな片付けるべき用事を持つ人に向けて作られたのでしょうか。アンファーは、この商品の提供にあたり、「ビューラーでまつ毛が切れる」「付けまつ毛のダメージが気になる」「まつ毛の本数が少ない」「まつ毛の1本1本が細い」という、女性なら誰もが感じたことがあるまつ毛に関する経験を片付けるべき用事に当てはめています。つまりこの場合の顧客価値提案のWhoは「まつ毛に悩みを持つ女性」となります。このような片付けるべき用事を持つ女性がこの用事を解決する際の優先事項として考えるのは、第一に信頼性、次に高品質であるか、そしていかに低価格でマツ育を行うことができるか、ということでしょう。

このような優先事項を満たし、アンファーは代替案との違いをどのように表現していったのでしょうか。顧客価値提案のHowを見ていきます。代替案との違いを表現する際の最も大きなキーワードは「スカルプD」のまつ毛美容液ということでしょう。スカルプDの最大の強みは先にも述べたように、専門医師、専門医療機関との親密な関係を活かして蓄積された膨大なデータ

による専門性です。この専門性によって「スカルプDは品質の高いオンリーワンブランドである」というイメージが多くの顧客の中に出来上がっています。つまりこのブランドイメージによって、スカルプDボーテ ピュアフリーアイラッシュも、信頼性があり高品質な商品であると認識されるのです。実際に、この商品自体も「まつ毛の１本１本にハリ・コシを与える。目元への優しさ。今ある睫毛をしっかりキープ。」と３つのポイントを挙げ、これもスカルプDだからこそ出来る商品だと宣言しています。

では、価格帯はどうでしょうか。アンファーが提供するこのまつ毛美容液は通常1730円です。この美容液の使用方法は、朝晩一日２回まつ毛に塗るだけです。これによって約２週間で、根元からしっかりしたまつ毛が生えていることを確認できるようです。

次に代替ソリューションを考えていきます。まつ毛に悩みを抱える女性が、まつ毛美容液よりもすぐに効果が見えるものとして利用するものといえば「まつ毛エクステ」「付けまつ毛」でしょう。

まつ毛エクステの平均的な価格は両目60本で１回4,000円～5,000円と言われています。しかし一般的には、まつ毛エクステは自まつ毛へのダメージが大きく２週間から一ヶ月ほどで自まつ毛と共に抜け落ちたり、外れたりします。抜け落ちるたびに再びサロンに通い、エクステを付けてもらうとなるとまた4,000円～5,000円の費用がかかります。つまり、まつ毛エクステの価格帯は、毎月4,000円～5,000円と考えられます。

次に、付けまつ毛はどうでしょうか。付けまつ毛は３～５セット入りで1,000円前後です。しかし、付けまつ毛は毎朝のメイク時間を延長しますし、付けまつ毛自体の寿命も２～３日であ

るため「毎日」と考えると月に2,000 〜 3,000円の費用が必要になってきます。

　まつ毛エクステ、付けまつ毛いずれにしても自まつ毛へのダメージは大きく、長期的な目で見ると持続性がなく、費用も大きく必要となってきます。しかし、スカルプDボーテ ピュアフリーアイラッシュなら、1,730円で永久的に自分自身のまつ毛の発育が期待できます。つまり長期的な目で見ると、まつ毛美容液を使ったほうがよりナチュラルでそして低価格で、効果が期待できるのです。

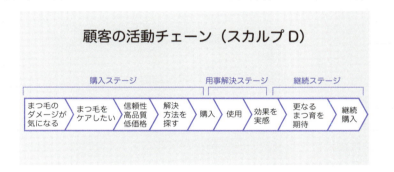

◎利益設計

　先にも述べたようにアンファーの出す商品は専門医師や研究開発機関とともに共同開発したことで製品への信頼性が伸びたのも確かですが、さらにこれを強力に売り伸ばしたのがネット販売による利益設計です。多くのヘアケア製品がドラッグストアやスーパーなど取り扱い小売店を拡大させていく中、アンファーはネット販売に特化して売り出しました。

今でも売上高の８割はネット経由であるというほどネット販売に特化するのには理由がありました。まず１つ目の理由としては商品の特徴をしっかり伝えるため、多くの情報が必要だったからです。２つ目の理由は、アンファーが新参の企業だったため流通ルートをもっていなかったことです。既存の大手ブランドが立ち並ぶ店頭で売り場を確保することは難しい、と考えたのです。

　アンファーのどの商品を見ても特別に安いという印象は受けません。ネット販売に特化した商品展開によってオンリーワンブランドとしての位置づけを獲得したようです。ネット販売ならではの口コミ、情報量の多さで売上を伸ばしています。

◎プロセス構築

　最後にプロセスについて見ていきます。まず「スカルプDブランドの専門性によって女性市場へ浸透するまでのフロー」。スカルプD自体は立派なブランド認識を顧客に植え付けて大きく成長してきましたが、女性市場への浸透はまだ始まったばかりとも言えます。

　では、いかに浸透させていくのか？　スカルプD最大の強み「専門性による信頼感」を使ってということになります。価格の安さよりも、品質を何よりの強みとすることで高い専門性を持ったブランドの位置づけを実現しています。

　最後にここまでのフローを可能にするためにアンファーが手を組んだ人々を見ていきましょう。まず、信頼性を築き上げる要因ともなった「専門分野ドクター・専門医療機関」が挙げられるでしょう。これらと手を組み臨床に基づいた研究を続けることで、信頼を獲得できたのです。さらにアンファーの特徴で

もあるネット販売、とくに楽天市場での販売は、商品の浸透に大きく影響しているでしょう。楽天市場でのスカルプDボーテピュアフリーアイラッシュの口コミ件数は、20310件にも登ります（2014年10月11日現在）。これほどまでに多くの口コミがあることも、顧客の購買意欲を掻き立てる要因の1つです。

スカルプDの9セル

	Who	What	How
顧客価値	まつ毛のダメージが気になる女性	まつ育（まつげ美容液）スカルプDボーテピュアフリーアイラッシュ	スカルプDブランドの女性市場での確立
利益	女性	ネット販売	同時
プロセス	専門分野の医師専門研究開発機関ネット販売（楽天市場）	専門性による信頼＝商品の品質	スカルプDブランドの専門性によって女性市場へ浸透するまでのフローブランド

【川上より】
　スカルプDという男性の発毛イメージの強い商品を、その特性を生かしながら、女性のソリューションとして展開した事例。いわれてみればそうなのですが、そこに気づくことができるのがある意味、純粋な目線であり、学生の強みかもしれません。まっさらな目線で、自社のビジネスモデルを分析するのはとても大切なことです。それを痛感させられるやりとりでした。

教科書通りやってみる

　経営に関する本を参考にビジネスを立ち上げたり、事業変革を行ったりする場合に、多くのみなさんが陥るワナがあります。それは、教科書の聞きかじりで事を進めてしまうこと。
　ビジネス書には魅力的でカッコいいワードが並びますが、それはその本の体系の中の、ひとつのツールであることが多いです。そうしたツールを、前後の脈絡や本来の使用方法とは無関係に取り上げ、実行に移してしまうのは間違いなのです。
　当然、得られるのは異物感だけで、事業はうまく回らないといった結果になります。で、「経営学なんて役に立たない」とか「やったみたけど全然ダメだった」みたいな雰囲気になっていきます。……経営学者としてはとても残念です。
　しかし、ありがたいことに、理論書をきっちりと読み、実践している経営者もいます。星野リゾートの星野佳路代表は、まさに、教科書をその通りに時間を掛けて実践しているのです。
　その理由を伺ったところ、このようなお答えでした。
　経営で"苦しくなったとき"に耐えられるからです。教科書通りの戦略を打ってもなかなか成果が出ないことはあります。自分の直感が信じられないときも、「教科書通りにやっているんだ」という自信があるから耐えられるんです。教科書通りにやるというのは、時間も労力もお金もかかりますが、私が過去に選んだすべての教科書は、様々な経営判断の場面でいずれも役に立ちました。（ダイヤモンド・オンライン「武器としてのビジネスモデル思考法」より）
　本当に大切なことだと思いますし、とくに、経営学者には大変ありがたいお言葉です。

7章

ビジネスモデルを作り、動かす

ビジネスモデルを作ってみる

新規事業は顧客からはじめる

事業変革は商品からはじめる

新規事業は「片づけるべき用事」から、事業変革は「既存ソリューション」から、それぞれスタートしよう

　既存のビジネスを分解することが、ビジネスモデル思考の第一歩です。それができなければ、ビジネスモデルそのものを理解していることにはなりません。

　ですので、前章でやったように、みなさんの身の回りにあるヒット商品を、ビジネスモデルで分析してみましょう。深い部分まで調べたくなるので、興味があるものが望ましいです。

　そうするうちにビジネスモデル思考が身についたら、今度は自分で作ってみるわけですが、ここからが急に難しくなります。自分以外の誰かによってできあがったビジネスを分解することは、あんなに簡単だったのに、いざ自分で作るとなると、まったく違うのです。

　ここでは、ビジネスモデルを作るときに生じる問題、そしてそれを克服してビジネスモデルをスムーズに作るためのポイントについて解説します。

新規事業は顧客からはじめる

　新しいビジネスモデルを考える。もし、あなたがこれから独立して起業する、あるいは、まったく新しい事業の責任者になる、というのであれば、わくわくするビジネスモデルを考えやすいでしょう。

　というのも、オーソドックスな方法論に従うならば、まずは顧客の「片づけるべき用事」から考えればよいからです。

世の中ではいま何が問題になっているのか？　その用事に対して、どのような手当てがされているのか？　つまり、最適なソリューションは何なのか？

往々にして、この最適なソリューションが現在のヒット商品になっています。たとえば、ヒット商品番付を見てみれば、商品の数だけ用事があることがわかります。また、同じカテゴリーの商品が、番付に同時に登場することは少ないでしょう。

新規事業の場合は、まったく新しいソリューションを生み出すことが許容されているなら、片づけるべき用事から入って、新たなソリューションをじっくり考えたほうがよいでしょう。利益が問題になるのはその次の段階ですし、実行フェーズは最終段階で確認するという段取りになります。

事業変革は商品から

これに対して事業変革の場合はどうでしょう。事業変革では、すでにその会社が取り扱っている商品やサービスが存在しています。それを利用しながら、新たな顧客満足や新たな収益を生み出すことが要求されているはずです。

すでに存在している会社の強みを生かしながらビジネスを改革していく場合には、商品からスタートするのがよいでしょう。スタッフにもわかりやすい、目の前にある商品をたたき台に議論をはじめるので、変革に対しての抵抗も少ないはずです。

つまり、目の前にあるソリューションからはじめるのです。具体的には商品をもっとも上手に使ってくれる人が誰なのかを考えます。たとえば3Mなどはそうした手法を得意とします。有名なポスト・イットの誕生秘話もそうですね。くっつきにくい接着剤ができたときに、それを頻繁に、しかもきれいにとりはず

すために付箋紙に使ってはどうか？という具合に。

　こうした事例は日本でもよく見られます。たとえば、濃いめのコーヒーをもっとも上手に使ってくれる状況に差し込む。そう、「朝専用コーヒー」です。

　あるいは、コクの強い醤油なら？　最近では当たり前になった「卵かけごはん専用醤油」といった具合です。

　悪ノリがすぎて「アイスクリーム専用醤油」などもありますが、そもそもアイスクリームに醤油をかけるという発想がないことから、ソリューション発想ではなくなります。そもそも「片づけるべき用事」がないのですから。

　「片づけるべき用事」を世の中にお知らせしながら、新しい商品を作っていくというアプローチも十分にありえますが、それには顧客の嗜好性を変えるという、別の大きな取り組みが必要となります。たとえば、ある程度大規模な広告宣伝費を想定しなければならないでしょう。

　身の丈でできる事業変革のベースとなるのが、「ソリューションから片づけるべき用事へとアプローチする方法」です。

　いずれにしても、顧客の状況とそこから発生する片づけるべき用事、さらには、現在のソリューションではいまだ解決されていない未解決の用事という目線をもてば、新規事業だろうと事業変革だろうと、同じような発想で新たなビジネスモデルを構築することができます。

　これは、最も重要な基礎にして、稀代の企業家たちが最も重要にしている部分です。同時に、多くのビジネスパーソンが最も苦手とする部分でもあります。

ビジネスモデル作り、動かす

現状の打破は利益の再設計から

課金ポイントの変更が新しいビジネスを生む

よくある価値提案

販売からの脱却

課金ポイントを変える

チューニング

新たな価値提案

利益の再設計をきっかけに
新しいビジネスモデルに！

- 価値提案が煮詰まったら、「利益」に目を移してみよう
- 利益スタートの大ヒットも多い

　わたしは、ビジネスモデル変革の現場に立ち会うことが多いのですが、そのなかには長い歴史をもつ会社もあります。「現在のままではいけない」と、新たなビジネスモデルに挑戦するようなプロジェクトにアドバイスをすることもあります。

　このような場合は、顧客価値提案を変革することにこだわっていると、思わぬ停滞を招くことがあります。というのも、これは驚くべきことですが、ビジネスパーソンのみなさんは、意外と顧客のことを考えるのが苦手なケースが多いのです。

　しかし、それが苦手であっても、悲観する必要はありません。そんなときは「利益から考えてみる」、つまり、既存製品をベースに利益の取り方を変えてみて、それに合わせて顧客価値提案をファインチューニングするのが有効です。

　「入口」である顧客価値と、「出口」である利益。そして、その両者をつなぐ「道筋」であるプロセス。最終的にこれらがそろって、きちんと説明できればいいのです。出口である利益から考えても、何ら問題はありません。

　ビジネスモデルは、まさに「儲ける仕組み」なのですから、むしろ利益を問題にしないほうが不自然ともいえるでしょう。そうであれば、顧客価値提案に飽和したら、いっそのこと利益設計に目線をずらすべきでしょう。すぐれたマーケティングプランを作ることが目的ではありません。目的は、卓越したビジネスモデルをデザインすることです。

多くのヒットが、課金のずらしから生まれる

　最近ヒットしている商品を思い浮かべてみてください。このところ、日本でも後発組が、先発組のスケールを超えるケースがたくさん見られます。iPhoneやiPadの一部の機種をゼロ円で取り扱うなどして通信業界を再構築したソフトバンクは、それまでガリバー的存在であったNTTドコモを時価総額で追い抜きました。

　さらに、ソフトバンクの代表取締役社長である孫正義氏の弟である泰蔵氏が代表取締役会長を務める、無料（フリーミアム型）ゲーム「パズルアンドドラゴンズ」（以下、パズドラ）を生み出したガンホーは、2013年5月の一時、時価総額で任天堂を上回りました。保有する資産では及ばないものの、この2社が将来生む「儲け」である利益やキャッシュフローが既存のガリバー企業を凌駕すると、世の中が判断しているひとつの証拠です。

　ほかにも、ヒットをし続ける商品といえば、無料通話アプリLINEや、TSUTAYAを運営するカルチャー・コンビニエンス・クラブのTポイントカード、あるいはGoogleの検索エンジン、デアゴスティーニの定期刊行物、日本ネスレ社が発売したネスカフェ・バリスタなどが思いつきますが、これらはすべて、利益の生み方、ストレートにいうなら、これまでなかった課金の方法論に工夫を加えているといってよいでしょう。

　そして、課金の方法論と顧客価値をうまく融合させることで、革新的な顧客価値提案をもつビジネスモデルとして認知されるに至っています。誤解を恐れずにいうならば、「使い古された顧客価値提案を、課金の方法を変えてよみがえらせた」のです。

　みなさんの場合はどうでしょうか？　自社がとっている顧客

価値提案、あるいは同業他社がヒットを生み出した顧客価値提案をベースに、利益の取り方を差別化してみてください。そして、その後もう一度、顧客価値提案にもどってみてください。

きっと、新しいビジネスのタネが生まれてくるはずです。

ゲーム業界の大変革

下の図は日本のゲーム業界をけん引し、世界規模のエンターテインメント企業となった任天堂の売上高営業利益率のグラフです。

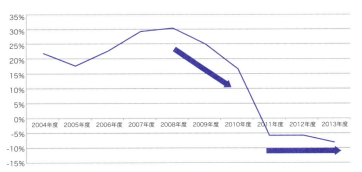

2004年には任天堂DSを発売し、営業利益率も20％程度を維持していました。2006年にWiiを市場に投入。2008年度（2009年3月期）には30％を超える数字をたたき出すほどの好調ぶりです。東証上場企業全体の売上高営業利益率（平均）が毎年5％前後であることを考えると、驚くべき数字です。

しかし、その後は大幅な下落を経験します。2010年度には10％台まで落ち込み、2011年度には営業損失を計上。2014年現在も回復の兆しは見られず、さらに悪化しています。

この背後に何があったのかは、もうおわかりでしょう。ゲー

ムを楽しむことへのライフスタイルを変えるビジネスモデルが登場したのです。携帯電話によるゲームの価値提案です。
「ゲームは携帯電話のアプリ程度の機能で十分」というユーザーを掘り起こしたのです。
　まさにDeNAやGREEが、このようなビジネスモデルを大きく育てています。そして、その傾向はスマートフォン、とりわけiPhoneが日本に導入され、普及しはじめる2009年度あたりから顕著な傾向となります。とりわけDeNAの業績は、ゲーム業界の常識をくつがえす利益構造となりました。

新たな課金システムで営業利益率55％

　任天堂の最高潮期に営業利益率は30％でしたが、その後DeNAは2010年度にほぼ50％という驚異の数字を計上します。
　本体を製造し低価格（低マージン）で浸透させ、ソフトで高価格を得るという任天堂のビジネスモデルでは到底実現できないビジネスモデルをつくりだしたのです。
　これは、誰もが保有する携帯電話を本体として、シンプルなゲームを無料で配信し、アイテムなどによって課金をするというモデルです。これによって、開発費も変動費も定額ながら、必要十分なゲームを提供するというビジネスモデルを作り上げたのです。
　儲けるポイントを本体からソフトにずらした任天堂。さらに、ソフトの購入から上達へとずらしたDeNAやGREE。後発企業が、老舗のしかも世界的企業の業績を圧倒するのです。
　そして、さらなる後発の勢力によって、ゲーム業界が震撼します。ガンホーが「パズドラ」でさらに構造を大きく塗り替えるのです。これによって、売上高営業利益率が55％を超えると

いうビジネスモデルが登場しました。

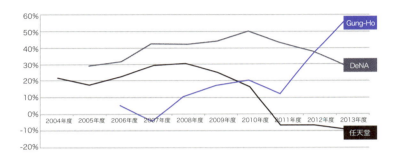

　GREEやDeNAは、開発費も流通に関する原価もかからなくして、シンプルに儲けるというビジネスモデルをつくりだしました。しかし、ユーザーは無料ゲームであっても、さらに完成度の高いものを要求するようになります。それに呼応するかのように、販売できるほどのクオリティーのゲームを無料で提供したのが、ガンホーのパズドラです。

　アイテムによる課金はするものの、無料なのにゲームとしての完成度が高く、一瞬にして多くのユーザーを惹きつけ、新たなマーケットをつくりだしました。さらに、無料で配信していたゲームを、基本仕様はそのままに、任天堂3DSで発売するという異例のビジネスを展開します。そして、それも大ヒットとなりました。

　業界最高峰と思われた任天堂の売上高営業利益率を、軽々と抜き去るベンチャー、さらに歴史的大記録を生み出してくる後発企業。あなたのビジネスでもこのようなことが簡単に起こりえます。

ビジネスモデル作り、動かす

すべてを自分で やらなくてもいい

いいパートナーが事業の価値を高める

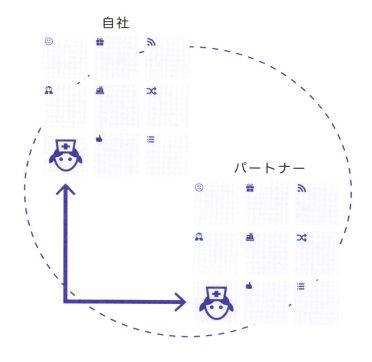

パートナーと組むことで
ビジネスの精度は上がり、
変貌を遂げていきます

　チャレンジャーはすべてを自前ではやりません。そこまでのリスクを冒したり、資本を集める時間をかけるよりは、その活動をうまくやる会社をみつけ、パートナーシップを結ぶほうがよいです。繰り返し説明してきたことですが、実はこれ以外にも、すべて自前でやらないことには意義があります。

　それは、新たなビジネスが生まれる可能性がある、ということ。複数の協力者を抱え込むことで、新たな知識が混ざりあい、精度の高いビジネスへと育つことがあります。異なったビジネスに変貌を遂げることもあります。あえて、オープンにビジネスモデルを作っていく。それがチャレンジャーにとって重要なことです。

　最近では、取引業者などのパートナーとの一対一の関係だけではなくて、ビジネスを実現するうえでさまざまなステークホルダーと協力し合うということが、頻繁に行われています。それをビジネスの生態系（エコシステム）と呼んでいます。

　どんなパートナーと組むべきなのかは94ページで述べたとおりです。組むべきは、安くやってくれる相手ではなく、自社の顧客価値提案を十分に理解し、活躍してくれる相手です。

　まずは現在の事業の顧客価値提案を明示し、顧客の活動チェーンを洗い出してみてはいかがでしょうか。価値づくりに協力してくれる、大事なパートナーの姿が浮かび上がってくるかもしれません。

ビジネスモデル作り、動かす

ビジネスモデルは一度では完成しない

何度でも書き直そう

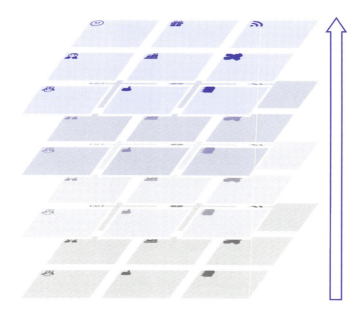

- ビジネスモデルには
  あくなきバージョンアップが必要
- ピンとくるまで描き直そう！

　技術の進歩が早く、競争が激しい現代は、かつてのように緻密で壮大な事業計画を練るのではなく、アイデアベースのものを実践しながらつくりあげていくという手法がとられます。

　まずはビジネスモデルを書き出してください。それが Ver.0 です。そこからはじめて、おもしろくなるように Ver.1 をめざしてください。さらに、Ver.2, Ver.3 と修正していき、最終的に、すべてのパーツが一貫するバージョン（たとえば Ver.5）ができあがったら、あとは机上でやらずに実務のなかで検証してみてください。それが本当に、実務に耐えられるものであるのかをテストするのです。

　当たり前ですが、耐久性は完全ではないでしょう。むしろ、もろいものかもしれません。実はそれは「こうやったらビジネスはうまくいくはず」という仮説なのですから、当然です。しかし、仮説は行動の指針となります。仮説を実証するために、現場があるのです。

　仮説を実証するなかで、変えるべき点があったなら、それは素直に変えていく必要があります。ただし、どれかひとつでもパーツを替えれば、そのときには全体にきしみが出はじめます。つまり、ひとつでも変えたときには、全体像を見直す必要があります。そのときは、もう一度、構成要素にもどってください。最終的に、ストーリーとして語りながら、何度もビジネスモデルを修正してみてください。

ブックガイド

ビジネスモデル思考を極める！
おすすめの10冊

　さて、ゼミ生のケーススタディも交えながらビジネスモデルの基本を解説してきた本書ですが、これでひとまずはおしまいです。6章、7章でも説明したとおり、あまり難しく考えすぎずに「とにかく描いて、何度も直してみる」という姿勢で取り組むことが、ビジネスモデル思考を鍛える早道です。

　でも、「そうは言っても、もうちょっと勉強したい！」とお思いの方もいるかもしれませんので、オマケとして、学生たちにも薦めている本のリストを共有しましょう。

ホワイトスペース戦略
マーク・ジョンソン／著、阪急コミュニケーションズ／刊

ビジネスモデルの構成要素をコンパクトにまとめた「4つの箱」が紹介され、それをもとに新たなビジネスモデルを作る方法が書かれています。他社がやっていない「空白地帯（ホワイトスペース）」を狙うために、自社のビジネスモデルと異業種を含む他社のビジネスモデルを分析するという興味深い内容です。

ビジネスモデル・ジェネレーション
A・オスターワルダー、I・ピニュール／著、翔泳社／刊

ビジネスモデルを設計するツールをポップなイラストとともに描いた、まさに「ビジネスモデルの絵本」。ビジネスモデル初学者には楽しく学べます。9つの構成要素からなるキャンバスにポストイットを貼りながら、新しいビジネスモデルのアイデアを作り上げていくやり方はとても斬新です。

プロフィット・ゾーン経営戦略
エイドリアン・J・スライウォツキー、デイビッド・J・モリソン／著、ダイヤモンド社／刊

経営の6大賢人にも選ばれたエイドリアン・スライウォツキーの著書。利益の生み方を22にパターンわけして、それぞれにネーミングを付けた「初のビジネスモデル本」といってもよい本です。いまではあたりまえになったこのような利益パターンの分類も、この本がすべてのはじまりです。

ザ・プロフィット
エイドリアン・J・スライウォツキー／著、ダイヤモンド社／刊

上の『プロフィット・ゾーン経営戦略』を小説にしたもの。ビジネスパーソンと賢人とのやり取りを通して、1回につき1つの利益パターンを学ぶ。プロフィット・ゾーンから1つ増えて、全23のエピソードが。毎日1つずつ読んでノートにまとめていくと、23日後にはマスターできます。学生にも、そんな使い方を進めています。

価格の心理学

リー・コールドウェル／著、日本実業出版社／刊

画期的な商品を発明した時、それにいくらの値段をつけるのが妥当なのか？ 「チョコレートポット」という架空の商品を使い、どのように販売戦略を立てていくのかを小説仕立てで書いた本。顧客価値を考えるときにはかなり参考になるエピソードや方法論が出てきます。

まず、のび太を探そう！

川上昌直／著、翔泳社／刊

ビジネスモデルの根本は顧客価値提案。しかし、これを作り上げるのはかなり難しいという思考の制約から抜け出すための方法を書きました。のび太を「用事をもったお客さん」、ドラえもんを「ソリューションを提供する会社」と置き換えれば、面白いアイデアがどんどんわいてきます。ドラえもんを小さい時から見てきた日本人は、ビジネスモデル思考に強いはずです。

ゼミナール経営学入門

伊丹敬之、加護野忠男／著、日本経済新聞社／刊

もはや日本の経営学のバイブル。発売されてからかなりの時間がたちますが、私も学部生時代にこの本と出会い人生が変わりました。そして、いまになっても読み返すたびにかならず発見のある本です。40代までの日本の経営学者のほとんどはこの本で勉強したといっても過言ではありません。いまから始める人にもぜひ。

競争優位の戦略
M.E.ポーター／著、ダイヤモンド社／刊

競争戦略論における伝説のバイブル。登場するバリュー・チェーンは、以降コンサルタントが使うスタンダードなツールとなりました。コストリーダーシップと差別化のどちらかにあわせたバリュー・チェーンを作り、顧客を喜ばせながら、ライバルに勝っていくための方法論が書かれた本。

ブルー・オーシャン戦略
W・チャン・キム、レネ・モボルニュ／著、ダイヤモンド社／刊

血で血を洗う海から抜け出して、真っ青な海で悠々と泳ごう。そこから名付けられたブルーオーシャンなポジションに企業が行くためにはどんな戦略を取るべきなのか。ポーター流の戦略論ではなく、差別化とコストリーダーシップは両立する、という主張のもと、新たな市場を切り開く「価値曲線」などの手法が満載です。

ロジカル・シンキング
照屋華子、岡田恵子／著、東洋経済新報社／刊

どうすれば伝わるのか？をテーマにしたロジカルシンキング。この本がきっかけとなって、さまざまな書籍が出版されましたが、それでもこの本が一番わかりやすいです。漏れやずれや重なりのない集合(MECE)や、論理を構成するための方法論など、いまでも学ぶことは多いです。私もゼミ生には必ず勉強させています。

川上 昌直（かわかみ・まさなお）
兵庫県立大学経営学部教授　博士（経営学）
1974年大阪府出身。2001年福島大学経済学部助教授（呼称変更により准教授）。
08年兵庫県立大学経営学部准教授。12年より現職。専門はビジネスモデル、利益ロジック。
初の単独著書『ビジネスモデルのグランドデザイン 顧客価値と利益の共創』
（中央経済社）は、13年に日本公認会計士協会・第41回学術賞（MCS賞）に。
そのほかの著書に『儲ける仕組みをつくるフレームワークの教科書』、
『課金ポイントを変える 利益モデルの方程式』（以上、かんき出版）、
『まず、のび太を探そう！』（翔泳社）、『ビジネスモデル思考法』（ダイヤモンド社）など。
中小企業から東証一部企業まで、経営のアドバイザーとしてプロジェクトに
関わりながら、実戦を意識した経営ロジックの構築を目指している。
http://wtp-profit.com

川上ゼミ
兵庫県立大学経営学部グローバルマネジメントコースに所属する
川上昌直研究室所属の3年生（2014年12月現在）。
毎回自分たちの興味のある商品やサービスを見つけてきては、
ビジネスモデル目線で斬るというトレーニングを重ね、経営センスを磨いている。

【2014年度ゼミ生（3年生）】
藤本 かのん（ゼミ長）、原 由梨奈（副ゼミ長）、田岡 優菜、池田 カンナ、
久保 友香里、土田 有紗、平戸 梨菜、堀 洋子、丸山 晴香

◎カバーイラスト　いしかわこうじ
◎装丁・デザイン　和田 奈加子

これから伸びる人の必修科目
「ビジネスモデル」のきほん

2015年1月8日　初版第1刷　発行
2016年4月5日　初版第2刷　発行

著　者　　川上昌直
発行人　　佐々木 幹夫
発行所　　株式会社 翔泳社
印刷・製本　日経印刷株式会社

本書は著作権法上の保護を受けています。本書の一部または全部について、株式会社翔泳社から文書による許諾を得ずに、いかなる方法においても無断で複写、複製することは禁じられています。本書のお問い合わせについては、2ページに記載の内容をお読みください。
落丁・乱丁はお取り替えいたします。03-5362-3705までご連絡ください。

ISBN978-4-7981-3956-2　Printed in Japan
©2015 Masanao Kawakami